엄마와 아름답게 이별하기

엄마와 아름답게 이별하기

김영신 지음

● 책을 펴내며

사랑하는 엄마와의 헤어짐,
그 발칙한(?) 이별을 준비하며

의식에서는 엄마를 거부하고
무의식에서는 엄마에게 매여 지내던 날들

아침에 일어나니 맑은 콧물이 흐르고 기침이 나왔다. 환절기에는 유난히 감기가 잦은 편이다. 기침이 멈추지 않자 나도 모르게 엄마에게 전화를 걸었다. 이를 닦고 세수를 하기도 전에 습관처럼. 몇 번 신호가 가도 전화를 받지 않자 한편으론 다행으로 여기면서 전화를 끊었다.

엄마에 대한 나의 태도는 늘 이중적이었다. 외롭거나 불안할 때 언제나 찾게 되는 사람이면서 막상 부딪히면 사사건건 시비를 걸었다. 예를 들면 "엄마도 환절기니까 잘 먹고 운동도 하세요!"라고 의젓한 말을 건네다가도 엄마가 먼저 "애야

운동 좀 하고 그래라. 너도 자기 관리할 나이야." 어쩌고 하면서 잔소리를 하게 되면 나는 버럭 화부터 낸다. 엄마는 누구보다 중요한 사람이면서도 막상 대하면 세상에서 가장 함부로 대하는 사람이다.

그건 엄마도 마찬가지이다. 어쩌다 감정이 격해지면 "꼭 너 닮은 딸을 낳아서 키워 봐라." 등의 온갖 험한 말을 다 퍼붓다가도 결정적일 때는 도움을 아끼지 않는다. 그래서 해줄 건 다 해주고도 고맙다는 말을 못 듣는다.

따지고 보면 머리가 커지면서 엄마를 자주 비난했고 서운한 마음을 거칠게 표현하곤 했다. 아마도 그 근거는 '엄마는 자식을 위해 희생해야 하고, 못된 자식도 사랑해야 하고, 늘 자식의 행복을 위해 살아가는 사람이어야 한다.'는 것이었다. 이래야 하고 저래야 하고 또 이러이러해야 한다는 온통 '~해야 한다' 투성이란 게 놀랍다. 도대체 그런 근거와 신념은 어떻게 생겨났을까?

이유는 정확히 알 순 없지만, 성모마리아 비슷하게 이상화된 엄마 모습이 내 맘속에 자리를 잡은 탓인지 잔소리하고 화내는 엄마가 낯설어졌다. 그때부터 엄마를 떠올리면 근원적인 그리움과 함께 외로움, 서러움 같은 게 밀려왔다. 엄마가 있어도 엄마를 찾아 헤매는 이상한 심정이었다. 엄마가 있어도 무조건적이고 맹목적인 사랑으로 장착한 엄마가 그리운 심정은 혼란과 당혹감을 주었다.

삶의 무게 앞에서 더 필요해진 엄마

혼돈을 겪으며 어른이 되었다. 어른이 되면서 어릴 때와 다른 새로운 두려움이 생겨났다. 그 와중에 마음속 엄마를 찾아 헤매는 일을 잠시 잊게 되었다. 언제 어디서나 내 편이 되어줄 엄마를 그리워하는 일은 다른 형태로 다른 심정으로 자리 잡은 걸 미처 알아차리지 못했다. 어쨌거나 살아간다는 것, 살아내야 하는 건 두려운 일이었다.

삶이라는 지난한 문제가 코앞에 닥치면 걱정과 불안에 사로잡히기 일쑤였다. 혼자라는 것 역시 언제나 두려운 일이었다. 예전보다 엄마에게 전화해서 하소연하는 빈도가 늘어갔다. 이제는 내 도움이 필요한 늙고 약해진 엄마에게 의지하고 싶어서다. 습관처럼 엄마의 격려와 지지를 기대하는 건 덤이기도 했고.

현실은 기대했던 소망이 형편없이 깨지며 끝나는 편이다. 배신의 아픈(?) 시간이 지나면 그래도 엄마가 있어서 투정할 수 있어 다행이라는 생각을 하며 체면치레를 하곤 한다. 이렇듯 어린 시절뿐 아니라 나이가 들어도 엄마의 존재는 절대적이다.

따라서 엄마와의 이별은 언제나 머릿속으로만 이해되는 사실이다. 이별에는 물리적인 이별과 정신적인 이별이 있다. 이 책에서 언급하는 이별은 엄마에게 의존하지 않고 홀로서기를 하겠다는 정신적인 이별을 말한다.

엄마와의 이별은 성인이 되는 입문식

홀로서기란 의지할 대상 없이 외로움을 견디면서 나 자신을 믿고 험한 길을 나서는 일이다. 언제나 내 편인 엄마, 조건 없이 나를 사랑하는 엄마는 나의 심층에 깃든 어머니의 원형이라는 것을 가슴에 새긴 채 말이다. 어린 시절에 울며 찾던 해결사 엄마는 이제 없다. 그 엄마는 내면 깊이 자리 잡은 어머니의 원형이기에 때론 고향에 대한 향수로, 때론 낙원을 꿈꾸는 마음으로 새겨져 있다. 그러므로 실재하는 엄마를 있는 그대로 인정하고 받아들이는 마음가짐이 홀로서기의 첫 단추가 될 것이다. 엄마도 처음부터 엄마로 태어나지는 않았다. 한때는 누군가의 딸이었고 처음 엄마가 된 서툰 초보자였다.

외적인 신체 구조와 생김새가 달라서 생경함을 경험할 수밖에 없는 아들과 달리 딸은 엄마의 태도나 감정 심지어 생각까지 똑같이 따라 하기 쉽다. 감정과 생각을 구분하지 못한 채 정신적인 일란성 쌍둥이가 되어 버린 엄마와 딸은 서로 원망과 불평의 대상이 된다. 또한 때로는 미워하고 때로는 불쌍해하며 평생을 그렇게 같이 살아가면서도 그런 사실을 알아차리기 힘들다.

엄마와의 불필요한 소모전에 지쳐서 속상해하는 딸이 있다면 정신적인 독립을 하라는 내면의 신호가 왔다고 여겨야 한다. 시작이 있으면 끝이 있듯이 만남과 이별은 세상의 이치다.

세상 이치는 열매가 익으면 가지에서 떨어지는 것이다. 과정에 따른 이별은 또 다른 시작이기도 하다. 타성에 젖어 현재를 붙들고 싶어 하는 건 우리의 불행이 된다.

때가 되면 '엄마'를 떠나고 '고향'을 벗어나 홀로서기를 해야 한다. 그래야 새로운 관계 매김을 할 수 있기 때문이다. 홀로서기는 엄마와 나를 잇는 진정한 관계의 시작이다. 장차 맞이할 생물학적 이별을 의연하고 아름답게 받아들일 수 있도록 든든한 기반을 다지는 일이기도 하다.

이 책을 쓰면서 엄마와의 이별을 가슴으로 받아들일 수 있기를 소망했다. 또한 부족한 이야기를 통해서 세상의 모든 딸과 엄마에게 자신의 내면에 있는 엄마와 딸의 면모를 알아차리도록 돕고 싶었다.

2022년 5월이 저물어가는 어느 날

김영신

목차

005   책을 펴내며   사랑하는 엄마와의 헤어짐,
그 발칙한(?) 이별을 준비하며

017   프롤로그   인간으로서의 엄마 얼굴을 대할 때,
진정한 엄마와의 관계가 시작된다

028   **Part1** 저항
엄마처럼 살기 싫었다

개와 늑대의 시간
지나친 사랑
경계심
사실은
반발
그리움이란
진심
분리
대면
다른 생각, 다른 감정

072   **Part2** 순응
좋은 엄마의 무게

악몽
접대용 인격
한때는
낯선 엄마
엄마의 무게
엄마와의 거리

분노조절 장애
희생의 대가
엄마와의 이별이란
정리하기

116　**Part3** 경쟁

내게 필요 없는 엄마

고군분투
불안의 원인
가족
사소한 시비
이유 없음
엎친 데 덮친 격
그래도 노력은 한다
피장파장
난리굿
심술
반전

164　**Part4** 동화

엄마의 이름으로
산다는 것은

낯선 만남
사연들
돌봄과 배려심
혼돈
위기
고통, 인정
현실의 장

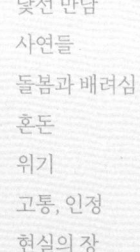

● 프롤로그

인간으로서의 엄마 얼굴을 대할 때, 진정한 엄마와의 관계가 시작된다

네 편의 소설 속에
네 가지 얼굴을 한 딸들의 마음

상담 업무를 시작한 지 얼마 되지 않았을 때였다. 내담자들이 털어낸 고민들 뒤로 어김없이 신념처럼 굳어진 세계관과 가치관이 엿보였다. 그들은 당면한 지금 여기서의 일보다 과거의 불행한 기억이나 아직 오지 않은 불안한 미래에 갇혀 있었다. 그리고 그 뒤에는 그들의 엄마 모습이 어른거렸다. 그래서 선배 선생님들을 만날 때면 이런 말씀을 드리곤 했다.

"내담자들이 가지고 온 갖가지 문제를 파고들다 보면 어이없게도 그 끝에 엄마와의 문제가 보이더라고요."

"당연하지. 초기 양육환경이 중요하니까. 특히 엄마의 태도가 중요하니 잘 파악해야 해. 그런데…."

대부분 이렇게 답하신 다음 지나가는 말로 한마디 덧붙이는 분들이 있었다.

"상담자 자신이 해결하지 못한 문제를 내담자들이 가지고 오는 경우가 빈번한데 놀랍지 않아?"

이 책은 시시콜콜하지만 내밀하면서도 중요한 의미를 품고 있는 엄마와 딸의 관계를 다루고 있다. 딸은 같은 여성인 엄마와 정서와 감정, 태도 그리고 생각에 훨씬 더 근본적인 영향을 주고받는다. 특히 엄마의 인상에 큰 영향을 받아 타고난 특성이 약화되거나 강화될 수 있다.

이처럼 강력한 엄마의 영향력에 반응하는 딸들의 특성은 크게 네 가지로 나눌 수 있다. 엄마의 삶을 거부하며 저항하는 유형, 엄마를 우러러보고 의지하면서 순응하는 유형, 엄마를 능가하려 들면서 경쟁하려는 유형, 엄마처럼 말하고 행동하며 엄마와 일체화를 이루는 동화형이 그것이다. 편의상 네 가지 유형을 각각 저항형, 순응형, 경쟁형, 동화형이라고 간단히 이름 붙여 보자.

저항형은 엄마와 사사건건 부딪치며 반발하는 특성을 보이는데, 엄마를 떠나 적극적으로 자신만의 삶을 꾸려나가길 원한다. 그녀들이 원하는 것은 독립적이고 자유로운 삶일 것이다. 하지만 혼자라는 사실은 안정감 없고 의지할 대상이 없음을 뜻하기도 한다. 따라서 불안과 외로움을 그림자처럼 안고 지내야 한다.

순응형은 착한 딸의 태도를 고수하는데, 그 모습은 마치 좋은 엄마에게 압도당했다고 할 정도로 자신의 감정이나 생각에 대해서 잘 모른다. 자신에 대해 무의식적이므로 개인인 자신의 특성을 꽃피우기 어렵다.

경쟁형은 엄마와 자매처럼 혹은 친구처럼 지내며 모든 것을 공유하지만 한 가정에 두 여왕은 있을 수 없으므로 치열하게 경쟁하며 지낸다. 어린 시절에는 갈등이 심할 수도 있지만 나이 들면 사이좋은 자매처럼 지낼 수도 있다.

동화형은 얼핏 착하고 따뜻한 사람으로 비친다. 엄마처럼 두루두루 챙기는가 하면 엄마를 돕고 가르치려 드는 딸이기도 하다. 그래서 그 후유증이랄까? 가장 큰 문제는, 자신도 모르게 늘 엄마 역할을 하며 영향력을 행사하고 있지만 정작 자신은 그 사실을 모른다는 것이다. 역시 자신답게 살지 못하고 있음을 시급히 알아차려야 한다.

 엄마 노릇을 하는 동화형이든 엄마에게 반항하며 호시탐탐 도망치려 하는 저항형이든 때가 되면 세상의 풍파에 시달리게 되고 자신의 문제를 스스로 해결해야 할 때가 온다. 이때 주인공들의 엄마에 대한 기대와 원망, 갈등과 오해를 인식하는 과정이 이야기의 주된 내용으로 그려졌다.

엄마를 마음에 품고 있는
모든 여성들에게 위로의 이야기로 전달되었으면

　첫 번째 이야기의 주인공은 저항형이다. 일찌감치 독립을 추구했지만 그만큼 외로움과 불안이 깊어서 의존적이고 취약했다. 상실의 아픔을 겪게 되자 일찍 엄마를 떠난 만큼 그동안 엄마처럼 자신에게 따뜻하게 대해주고 안정감을 주는 사람을 사랑이란 이름으로 묶어 두고 싶어했음을 깨닫게 된다.

　두 번째의 순응형 이야기는 유능한 직장인이고 가족의 구심점이 되는 딸이 주인공이다. 눈치도 빠르고 주위의 기대에 부응해서 어디서나 필요한 존재이다. 사람들에게 인정받고 사랑 받지만 정작 자신은 공허함을 느끼며 우울함에 빠지곤 한다. 만성적인 우울과 간헐적인 분노가 자신답게 살지 못했기 때문이라는 사실을 알게 되면서, 그동안 좋은 엄마를 따르느라 그 무게를 알아차리기 힘들었음을 깨닫게 된다.

 세 번째 경쟁형의 딸은 별거 중인 아빠와 엄마 사이에서 늘 관심을 찾아 헤맨 아이였다. 사회에서도 주인공 병에라도 걸린 듯 경쟁하며 주목받고 관심을 받아야 했다. 자신의 아픔에만 집중하느라 엄마의 아픔이나 어려움은 외면하고 무시하게 된다. 그 결과, 엄마를 소외시키고 말았다. 엄마와의 갈등이 커지자 버림받는 느낌을 받고 갈등을 더 크게 만들어 자신도 소외시키고 만다. 엄마와 화해해야 자신도 엄마도 소외에서 벗어날 수 있음을 차차 깨닫게 된다.

네 번째 동화형은 소외된 것들을 추스르고 양육하는 엄마 역할을 일관되게 했으면서 그런 사실을 의식하지 못했던 주인공이 등장한다. 그녀는 주위 사람들을 돌봐주고 도와주는 일이 습관이 되어 평생 의젓하고 어른스럽게 지내야만 했다. 그렇게 웃자란 탓에 또래 친구들처럼 지내지 못했던 그녀는 친구와의 대화를 통해 자신의 부족함과 약함을 인정하고 자기 자신을 먼저 돌보기로 한다.

여기서 나눈 네 유형의 이야기는 칼 융의 모성 원형의 심리학적 측면에서 언급된 딸의 모성 콤플렉스 내용을 기본으로 했다. 융 심리학을 공부하면서 스스로에게뿐 아니라 여러 사례에 적용해보고 딸과 엄마와의 관계를 이해하게 되었다. 인간의 복잡한 심리 특성상 유형의 특징은 두 개 이상이 혼재되어 나타나는 편이다. 또 저항에서 동화까지의 각 개인의 유형 변화는 평생에 걸쳐 일어나는 과정인 것 같았다. 물론 개인에 따라 한가지 유형에 고착되어 평생의 특성이나 운명처럼 여기면서 엄마와 딸 또는 주변의 모든 관계에 영향을 끼치며 살아갈 수도 있다.

  네 이야기에서 상황 해결을 위한 방법이 보이지 않을 수도 있다. 우리는 문제에 부딪히면 신속하게 처치해서 해결하고자 하지만 때로 삶이란 게 문제 해결만이 능사가 아니란 진실을 깨달을 때가 있다. 우리는 삶이라는 길을 가고 있다. 그 길에서 가장 중요한 것은 내가 지금 무엇을 어떻게 하고 있는지 의식하는 것-아는 것-이다. 선문답 같지만 우리는 문제 해결에만 급급해서 내가 지금 무엇을 하고 있는지 의식하지 못한 채 행동할 때가 많다. 엄마와 딸의 관계에서도 마찬가지다. 엄마와 나의 관계를 알게 되어도 갈등이 사라지는 건 아니며 행복한 미래가 보장되는 것은 더더욱 아니다. 다만 엄마와의 관계가 모든 관계의 기본이 되고 여성으로서 나 자신의 중심을 찾는 데 도움이 된다는 사실을 아는 것이 중요하다.

위안이 될 수 있는 말을 덧붙이자면, 엄마를 대하는 순간의 나의 태도를 의식하면 저절로 엄마가 객관적으로 보인다는 사실이다. 실수하고 억지를 쓰기도 하지만 약하디 약한 한 사람의 인간으로서의 엄마 얼굴을 대하는 순간, 그때서야 비로소 주체로서의 나와 객체로서의 엄마가 만나게 된다.

 여성의 모성과의 관계는 나 자신과의 문제이기도 하다는 스승님의 말씀을 새기면서 먼저 엄마와 제대로 된 관계를 맺어야 독립적인 주체감을 갖고 모든 관계에 임하게 됨을 이 책을 통해 전하고 싶다. 그리고 엄마를 마음에 품고 있는 모든 여성들에게 위로의 이야기로 전달되었으면 한다.

Part 1 저항

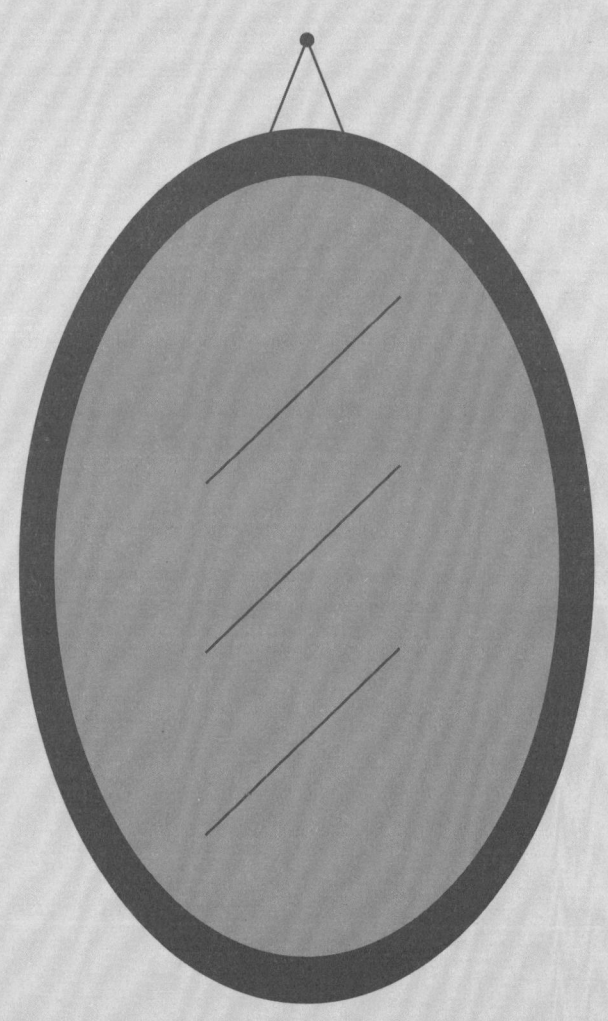

엄마처럼
살기
싫었다

"
나는 엄마를 몰랐고
엄마는 나를 떠나보내려
하지 않았다.
"

*

개와 늑대의 시간

 모든 게 엄마 때문이었다. 엄마는 사사건건 간섭하고 내 앞길을 막았다. 그날도 그랬다. 엄마는 처음 본 남자친구에게 눈길 한 번 주지 않았다. 그렇게 불편한 내색을 숨기지 못할 거면 뭐 하러 만나보겠다고 했을까? 대화는 툭툭 끊어졌고 그때마다 난 안절부절 가슴을 쓸어내려야 했다. 1시간도 안 되는 짧은 만남은 그렇게 끝났다.
 그리고 오늘 아침, 이별을 통보하는 그의 메시지. 상견례 이후 이틀 동안 전화도 카톡도 확인하지 않았던 그 사람의 메시지는 짧았다. '고민했는데 그만 헤어져야 할 것 같아.' 순간, 숨이 멎는 듯한 질식감에 휘청거렸다. 혼미한 상태에서 다시 확인한 메시지에서 싸늘한 한기가 전해왔다. 그 후의 기억은 지루했던 어떤 영화만큼이나 형편없었다. 처음엔 그를 향해 화를 냈고 신랄한 욕까지 퍼부었다. 나중엔 엄마 때문에 미안하다며 사과했다. 되돌아온 건 길가에 버려진 유리 파편처럼 찢어진 마음뿐. 그는 내가 알던 사람이 아니었고, 차갑고 무례했다. 며칠 전까지 미래를 품으며 키웠던 사랑이 그렇게 흩어졌다. 그의 냉대를 벗어나려면 이별을 받아들여야 했다. 기억에서 지우고 싶은 날들이 시작되었다. 고통은 더 큰 고통으로, 상처는 더 큰 상처로 덮으려 했다. 어스름 새벽이었을까 아니면 짙게 노을이 진 석양 무렵이었을까. 누군가의 도움이 필요하단 생각이 절실했다.

지나친 사랑

"예약하셨나요?"
"아뇨. 급한 상황이라 도움이 필요해서 무작정 왔어요."

"예약 안 하셨음 곤란한데, 잠깐만 기다리세요."

잠깐이지만 야단맞는 학생처럼 풀이 죽었다. 머릿속과 가슴에서 더는 거절당하고 싶지 않다는 소리가 들려왔다. 다행히 작은 방으로 안내되었다. 한 평이 좀 넘는 방 중앙에 탁자가 길게 놓여 있었고 의자 두 개가 마주 보고 있었다. 왼쪽 창으로 햇빛이 쏟아져 내리고 있었다. 고개를 들자 맞은편 벽에 고흐의 〈노란 방〉 그림이 보였다. 노란 방이라니, 고흐 말년에 가장 비참했던 시기의 그림 아닌가. 어쨌거나 사무적인 분위기는 가시질 않았다.

'취조실 같아. 괜히 떼를 쓰듯 상담을 신청했나? 간판만 눈에 뜨이지 않았다면 타로 카페를 찾았을 텐데.' 그때 듬성듬성 흰머리가 보이는 상담사가 들어왔다. 동그란 눈매에 긴 얼굴이 묘한 대비를 이루어 자세한 나이를 짐작하기 어려웠다. 그녀는 나를 보며 미소 지었다. 얼떨결에 고개를 까닥하며 인사를 했다.

"안녕하세요? 편하게 앉으세요. 그런데 급하게 상담을 신청했네요."

"네⋯."

갑자기 말문이 막히더니 난데없이 눈물이 쏟아졌다. 내게 닥친 일을 상담사에게 하소연한다고 해서 엄마에 대한 원망과 이별의 고통이 해결될 것인가. 지푸라기라도 잡고 싶은 심정으로 이곳까지 찾은 자신이 초라하고 불쌍했다. 그녀가 급히 티슈를 내밀었고, 난 티슈에 대고 꺼이꺼이 울었다. 창피했다. '처음 만나는 사람 앞에서 눈물부터 보이다니.' 상담 선생님이 난감할 거라는 생각이 들고서야 겨우 진정할 수 있었다. 허리를 곧추세워 자세를 고쳐잡은 후 고해성사하듯 내 이야기를 꺼냈다. 점차 남의 이야기처럼 차분하게 전달할 수 있었고 분석도 곁들였던 것 같다.

"얼마 전에 결혼하기로 한 남자친구와 헤어졌어요. 부모님께 남자친구를 선보였는데 그때 상처를 받았던 것 같아요. 엄마가 맘에 들어 하지 않으셨죠. 안정된 직장에 다니지 않은 게 문제였을 거예요. 네, 뻔한 스토리예요. 너무 진부한 이야기예요!"

"뻔한 이야기도 내가 겪으면 새로운 이야기죠. 어머님이 맘에 안 들어 했다고 헤어지다니 안타깝네요."

"그만큼 엄마가 노골적으로 무시하고 냉대했어요. 원래 기가 센 분이고, 한 번 무시하면 상대에 대한 예의가 없어요. 언제나 하고 싶은 대로 하지 않으면 못 견디는 분이거든요. 어릴 때 엄마랑 같이 외출하면 불안했어요. 보통 조용히 참고 지나갈 만한 일에도 꼭 따지고 나서거든요."

"예를 들어 줄 수 있나요?"

"버스에서 정류장을 지나칠 뻔하면 대개 기사 아저씨에게 내려 달라고 소리치고 말잖아요. 그런데 엄만 그냥 지나치지 않고 집요하게 따지는 분이세요. 그런 분이라 힘들었어요. 엄마 때문에 제 인생이 꼬인 게 한두 개가 아니에요."

"또 어떤 일이 있었죠?"

"유학을 가고 싶었는데 막았어요. 혼자서 가는 유학은 절대 보낼 수 없다고 했었죠. 엄마가 같이 가지 않으면 안 된다고 해서 결국 포기했어요. 그때 과감히 뿌리치지 못했던 걸 늘 후회해요."

잠시 침묵이 흘렀다.

"언제나 어머님의 의견을 중요하게 여겼군요. 후회하면서도 어머님의 뜻을 따랐으니까요."

"안 그러면 괴롭히니까요. 엄마는 자신의 뜻이 관철될 때까지 모든 방법을 다 동원하세요."

"그렇다면 남자친구가 의지를 발휘해서 참고 결혼을 추진했으면 엄마를 이겨냈을까요?"

이번에는 내가 잠시 침묵했다가 답 대신 본질적인 문제를 꺼냈다. 세상의 모든 무기력한 아이들을 대신하는 심정이었다.

"아이들은 세상에 태어나 첫 폭력을 부모에게 경험한답니다. 선생님도 그건 아시죠? 폭력뿐 아니라 생명의 위협이 되는 학대도 가장 믿고 의지하는 부모에게 당한다고요! 그럴 때 아이가 어쩌겠어요? 아이가 힘이 있나요? 특히 믿었던 엄마한테 정신적이거나 육체적으로 받은 충격은 평생 트라우마로 남지 않을까요?"

나는 상담 선생님이 세상 부모의 대표인 양 비난했다. 교묘한 변명이었을까. 아니, 나의 정당성을 주장한 것이었다.

"저는 철이 들고서부터 엄마를 떠나는 게 목표였어요. 그래서 지방에서 서울로 진학했어요. 간섭은 여전했지만, 눈앞에 엄마가 안 보이니 숨이 트였죠. 선생님 말씀대로 여전히 엄마 말에 좌지우지되고 있는 나 자신이 한심하네요."

"누가 어머니의 영향력을 벗어날 수 있겠어요. 그건 쉬운 일이 아닙니다."

선생님의 깊은 공감의 말에 겨우 마음이 놓였다.

"어릴 땐 잘 모르다가 자라면서 어머니의 영향력을 느끼면 반발하게 되죠. 하지만 곧 습관처럼 무심히 지나치기 쉬워요.

특별히 어릴 때부터 어머니를 떠나 독립하길 꿈꾸면서 그 문제에 골몰하고 있었다니 놀라워요. 그래서 어머니 얘기가 궁금합니다. 어머님에 대해서 말해 주시겠어요? 어머니 하면 제일 먼저 떠오르는 게 뭔가요?"

어머니를 떠올리면? 순간적으로 떠오르는 건 모두 부정적인 것뿐이다. 잠시 망설였지만 이내 솔직한 심경을 그대로 털어냈다.

"냉정함. 비겁함, 변명 … 물론 그런 면만 있는 건 아니에요. 순발력과 재치가 넘치기도 하시고, 나름 좋은 평판을 받기도 하시죠."

"주변 분들에게는 좋은 평판을 받는 분이라는 거죠? 그럼 딸에게만 다르게 행동하셨나요? 이를테면 차갑게요."

"글쎄요. 제게만 다른 태도를 보였다기보다는 너무 특별했어요. 지나친 관심으로 숨이 막혔어요. 싸늘하게 대하실 때는 기대에 미치지 못할 때였어요. 그러니까 내가 실패했거나 어떤 일로 힘들 때, 엄마의 격려가 간절히 필요할 때는 엄마를 찾을 수 없었어요."

눈 주위가 화끈거렸다. 또 눈물이 주르르 흘러나왔다.

"따님을 지나치게 사랑하셨군요."

선생님이 말을 잘못하신 건가? 처음에는 귀를 의심했다. 이내 엄마와 내 관계에 대해 분석했다는 걸 알게 되었다. 하지만 결코 동의할 순 없었다.

"그게 어떻게 사랑일 수 있죠? 어머니가 기분 좋을 때만 사랑하는 선택적 사랑인데 그게 사랑인가요?"

선생님이 다시 티슈를 건네며 말씀하셨다.

"상대에게 지나치게 집중하는 사랑을 말하는 겁니다. 사랑이 지나치면 상대의 입장을 고려하지 않게 되죠. 모든 것을 원하고 모든 것을 기대하니까요. 어머니가 따님을 사랑한 건 사실인 것 같아요. 그래서 기대가 어긋나면 미친 듯이 화를 내는 거죠. 내가 실패한 것보다 더 마음이 아프니까요."

"전 그런 사랑이라면 거절하겠어요. 차라리 남이 낫죠. 적어도 속을 뒤집지는 않잖아요. 잠깐만요 선생님! 우리 처음 주제로 돌아가죠. 왜 어머니 이야기가 나왔나요? 전 이별을 잘 소화해내기 위해 방문했어요. 아, 죄송해요. 제가 먼저 엄마 이야기를 꺼냈죠?"

내가 쏟아낸 말들은 엉망진창이었다. 상담 선생님 앞이라 마음을 놓았던 게 문제였을까. 이별의 상처 때문에 방문했다고 해놓고 엄마와의 관계, 특히 망가진 심정만 두서없이 늘어놓고 말았다.

"그래요. 결혼을 약속한 사람과 이별 문제가 가장 큰 이슈인데 우연히 어머니 이야기를 훨씬 많이 했네요. 오늘은 여기까지 하죠."

경계심

"선생님! 첫 회기 때 얘기를 다시 정리하고 싶어요. 감정이 격해진 상태라 횡설수설했으니 이해해 주세요. 전 이별을 선고 받아 슬펐고 화가 났습니다. 그래서 지난주 내내 이별을 대수롭지 않게 여기려 했어요. 그의 못난 점만 떠올리려 애썼고요. 그랬더니 잠깐이지만 이별하길 잘했다는 생각도 들더라고요. 이별의 상처가 크게 번지지 않을 거 같아요."

엄마 얘기는 더 이상 꺼내고 싶지 않았다. 엄마가 내 삶의 틈새를 뚫고 들어와 자리를 차지하고 있다는 느낌은 견디기 힘들었다. 지나친 비약도 삼가고 싶었다. 그래서 원래 목적을 상기하고 집중하려 했다.

"그러면 안 되는데요."

"네? 안 되다뇨?"

"남자친구의 못난 점을 떠올리는 게 잘 되던가요?"

"못난 점이랑 내가 싫어했던 점들을 떠올렸더니 분하더라고요. 어떻게 화를 풀지 고민할 정도로요. 집 앞에 찾아가 따지고 싶었지만 간신히 참았어요."

사실이었다. 그의 못난 점을 떠올리니 '네가 감히 어디서' 하는 오기가 생겼다. 하지만 그런 인간을 포기하지 못한 나 자신이 바보 같아서 더 견디기 힘들었다.

"사랑하던 사람의 흠을 잡으면 나 자신에게도 상처가 돼요. 슬픈 일 앞에서는 슬퍼해야죠. 그게 자연스러워요. 누구라도 사랑하는 사람이나 대상과 헤어지면 몸살 앓듯이 힘들어합니다. 아무렇지도 않다면 오히려 이상하죠."

"그래도 감정에 사로잡히는 건 찌질한 것 같아서요. 감정에 시달리는 내가 너무 한심하고요."

"감정에 사로잡히는 건 두려운 일이에요. 우린 그걸 극히 경계하지요. 그렇다고 감정을 무시하거나 억누르면 안 돼요. 감정은 우리에게 중요한 무엇인가를 알려주니까 물길처럼 적절히 터줘서 흘러가게 할 수 있으면 나를 보호하기까지 해요. 또 감정은…"

여기까지 말하고 선생님은 싱긋 웃었다. 선생님의 웃음에는 긴장을 풀어주는 무엇이 있었다.

"감정은 우리의 기능 중에 가장 오래된 논리입니다. 내게 좋고 나쁜 걸 알아차리게 해주죠. 싫고 좋고를 정확하게 아는 건 매우 중요해요."

감정이 오래된 논리라는 선생님 말씀에 수긍할 수밖에 없었다. 원시인에게 자신에게 좋고 나쁘고를 안다는 건 생존과 관련된 중요한 일이었을 테니까 말이다.

"그럼 슬퍼해도 된다는 건가요?"

"슬퍼해야 할 때는 슬퍼하세요. 가끔 울어야 살 수 있거든요."

선생님의 말씀을 듣고 나는 다시 멍한 표정을 지었던 것 같다. 그래도 슬퍼하고 울어라! 왠지 마음이 놓이는 방법이었다. 집으로 돌아오는 길에 차갑게 얼어 있는 내 감정에 대해 생각했다. 왜 그런 습관이 생겼을까? 자연스러운 감정 표현을 하면 손해라도 보는 것처럼, 아니면 큰일이 생길 것처럼 생각한 이유가 무엇일까에 대해 생각했다. 어쨌거나 원인이 확실하게 떠오르지 않지만, 우는 게 좋다는 말에 알 수 없는 불안감이 좀 사라진 것 같았다. 차가운 오렌지주스를 사 들고 집에 들어갔다. 상쾌함을 맛보고 싶었다.

사실은

 상담을 시작한 지 5회째가 되자 취조실 같았던 상담실이 편해졌다. 무슨 말이든 나오는 대로 할 수 있어 좋았다고 할까. 그날도 이별 이후의 심정에 대해 두서없이 늘어놓고 있는데 선생님이 갑자기 물었다.
 "남자친구의 어떤 점이 좋아서 결혼까지 생각했나요?"
 그 질문에 옛 남친을 떠올려 봤다. 그 사람의 장점이 많이 떠올랐다.
 "배려심이 많고 따뜻해서 좋았어요. 나를 있는 그대로 인정해 줬어요."
 그런 기억을 잠시 떠올리자 심장이 불에 덴 듯 아팠다. '그렇게 좋은 사람을 어리석게 놓치다니….'
 "따뜻함, 배려심…."
 선생님은 한숨을 쉬었다. 나는 다시 덧붙였다.
 "이제 보니 언제나 내 편이었던 사람을 놓쳤어요. 제가 그 사람을 심하게 괴롭혔어요."
 글썽이는 날 보면서 선생님은 웃는 듯 마는 듯 알 수 없는 표정을 지었다.

"늘 내 편이고 따뜻하게 위로하고 감싸주고 날 편하게 해주고… 늘 지지하는 사람은 언제나 어머니죠. 남자친구는 절대 아니에요."

"아니, 첫 회기에 엄마에 대해 말씀드렸잖아요? 제 어머니는 그렇지 않아요. 매섭고 냉정하세요. 늘 제 단점만 보시는 분이시고요."

"제가 말씀 드린 건 특성이에요. 모든 사물에 근본적인 특성이 있잖아요. 어머니의 속성이자 특성은 지지하고 보호하고 돕는 거예요. 남자친구는 남자의 특성이 있죠. 물론 남자도 따뜻함, 배려심, 희생적인 측면이 있어요. 하지만 그건 인격의 성숙함에서 비롯된, 인간의 보편적인 심성에서 나온 선함이지 남자의 근본적인 특성은 아니에요."

"그럼 남자의 특성은 뭐예요?"

답을 알 것 같았지만 확인하고 싶어 물었다.

"경쟁하기, 도전하고 쟁취하려 들기 그런 거 아닐까요? 여자들도 현대사회를 살아갈 때 갖춰야 하는 괴로운 점이기도 하죠."

"선생님은 여자 남자를 나누시네요!"

반발심이 들어 발끈했다. 이런, 못된 성질머리! 하지만 꼭 알아야 했다. 이제 겨우 선생님을 신뢰하기 시작했으니까.

"남자와 여자는 인간이라는 보편성 위에 각각의 특성이 있어요. 물이 물의 특성이 있고 불이 불의 특성이 있는 것처럼요. 그건 인정하시죠?"

반발

그동안 내가 남자친구에게서 엄마를 찾았다고? 그래서 이별을 견디기 어려웠던 거라고? 선생님 말씀이 맞는다면 나의 상실감과 외로움은 엄마와 떨어진 아이가 보이는 분리불안과 같을 것이다. 상담실을 나오자 착잡해졌다. 기억하기로는 나는 늘 엄마 곁을 떠나고 싶어 했다. 엄마와 함께 있으면 어색하고 불편했다. 많은 시간 동안 엄마를 원망하기도 했다. 그렇다고 엄마를 싫어하기만 했다는 뜻은 아니다. 엄마가 차갑기만 한 분이 아니듯 말이다.

원인을 찾자면 첫 번째 가출 사건인 것 같다. 그 일이 중요한 이유는 이후 누구도 믿어서는 안 된다는 결심을 하게 되었기 때문이다. 그만큼 속이 상했고 그때부터 엄마를 의식적으로 멀리하기 시작했다. 엄마도 고집 센 나를 키우기 어렵다며 감정의 골을 드러냈었다.

여덟 살 꼬마였던 나는 겁도 없이 집을 뛰쳐나왔다. 문제는 그다음이었다. '어디로 가야 할까?' 혹시라도 엄마에게 붙잡힐까 봐 집을 나서는 데만 급급했다. 방향도 목적도 없다는 게 얼마나 큰 두려움인 줄 그때서야 알게 되었다. 괜히 동네 한 바퀴를 걸었다. 하늘은 점점 어두운 장막을 친 것 같았다. 절망과 불안에 사로잡혔고 그럴수록 나를 이 지경으로 만든 엄마에게 화가 났다. 무서워서 콧노래를 흥얼거리며 괜히 뒤를 돌아봤다. 잠시 자리를 비운 엄마를 기다리는 아이로 보이길 바랐다. 밤공기는 습기가 가득했고 으슬으슬 추웠다.

나는 추위를 참으려 두 손을 비비며 오늘 하루를 떠올렸다. 큰 문제가 없는 하루였다. 지겨운 피아노 연습도 군말 없이 했고, 쪽지 시험도 하나밖에 틀리지 않아서 엄마한테 당당히 자랑하기까지 했으니까. 물론 엄마는 잘했다고 말하지 않았다. "하나 틀렸네!"라고 했을 뿐이었다. 조금 기분이 나빴다. 왜 엄마는 칭찬을 안 하는 걸까? 순간 서운했고 화가 났다. 조용히 시험지를 꾸겨서 호주머니에 넣고 돌아섰다. 물론 엄마가 무서웠으니까 눈치 못 채게 했다. 엄마는 내 표정이 나빠지는 걸 보더니 놀리기 시작했다. 원래 그런 분이었다. 힘이 빠진 아이를 걱정하긴커녕 힘이 없다고 나무라는 분이었다. 엄마의 놀림에 애써 모르는 척했다. 놀란다고 울거나 하면 진다는 것을 본능적으로 알았던 것 같다. 엄마 역시 호락호락 물러서는 법이 없다.

"쟤는 누굴 닮았을까? 나는 아닌데… 저렇게 드센 아이는 내 애가 아닌데."

그 말이 내 마음을 헤집어놓았다. 그냥 농담처럼 던지는 말이란 걸 알기에 무시하는 척했다. 그러자 엄마가 해서는 안 될 말을 했다. 적어도 내 생각에는 그랬다.

"야, 너희 집에 가지 그래? 너희 엄마 찾아가라."

세상에! 그런 유치한 소리를 믿을 꼬마는 그때는 물론 지금도 없을 것이다. 난 결국 참지 못했다. 내가 엄마 딸이 아닌 게 사실이라면 집을 나가겠다고 했다. 그 순간에 바보같이 엉엉 울며 엄마 품에 달려들어야 일이 쉽게 풀린다는 걸 모르진 않았다. 하지만 평소 엄마 태도가 얄미워서 그런 놀음에 넘어가기 싫었다. 성을 내고 나니 분한 마음이 더욱 치밀었다. 이번엔 그냥 넘어가서는 안 되겠다는 생각에 미치자 집을 나가겠다고 선포해 버렸다. 그럼에도 엄마는 눈 하나 깜짝하지 않고 빈정거렸다.

"그러렴. 말해 놓고 못 나가면 바보야!"

꼬마의 가출 결과는 처참했다. 갈 곳이 없어 집 근처를 얼씬거리다 밖에 나와 있던 엄마한테 질질 끌려와서 결국에는 뺨까지 맞고 방안에 처박히는 것으로 끝나고 말았으니까. 암울하고 처참한 엔딩이었다.

여덟 살 기억에 빠져 걷다 보니 집 앞 건물이었다. 그대로 들어가고 싶지 않았다. 오른쪽으로 꺾어 다시 걸었다. 오른쪽은 좁은 보도블록 위로 플라타너스가 줄지어 서 있는 곳이다. 오래된 이 동네를 떠나지 못하는 이유는 이 플라타너스 때문이다. 풍성하고 커다란 잎사귀가 봄 여름에 우산이 되어 주고 햇빛을 막아주는 게 좋았다. 가을이 깊으면 갈색 낙엽이 되어 보도를 덮는다. 찬란한 때와 사라질 때를 분명하게 보여주는 것 같았다. 그럴 때면 일부러 낙엽이 무더기로 쌓인 곳을 찾아 걷곤 했다. 바스락 소리와 함께 한 해를 마감하는 나만의 의식이었다. 하지만 오늘은 초록의 나뭇잎에서 포근함을 느끼지 못했다. 대신 짜증이 밀려왔다. 가을이 깊었는데도 왜 아직 노랗게 물들지 않은 걸까? 지겨운 초록색이다. 내가 왜 이렇게 마음이 불편한지 잘 안다. 며칠 동안 엄마한테 안부 전화를 하지 않았기 때문이다. 이유를 알았으니 매를 빨리 맞자는 심정으로 엄마한테 전화했다.

"엄마?"
"그래. 걱정했다. 잘 지내니?"
"괜찮아. 똑같지 뭐."
"다행이다. 회사 일도 잘하고 있지?"

나는 전화기를 든 손을 내리고 터벅터벅 걸었다. 엄마의 경건한 훈계가 들리다 말았다 했다. 언제나 엄마는 내 맘에 관해선 관심이 없다. 지금도 내 이별과 상처에 대해선 없었던 일처럼 무시한다. 그 일은 마치 일어나선 안 되는 일처럼 군다. 그럴 때마다 모멸감을 느낀다. 내가 원하는 엄마는 '네가 좋아하는 시래깃국을 뭉근하게 끓여놨으니 와서 밥 먹어라.'고 하는 그런 엄마다. 어려서부터 기본을 무시하는 엄마의 태도가 못마땅했다. 예를 들어 엄마는 식탁을 화려하게 장식하는 요리는 잘했지만 밥은 엉망이었다. 어떨 땐 설고 어떨 땐 심하게 질었다. 이모네 집에 가면 먹을 수 있는, 부드럽게 퍼진 밥과는 냄새부터 달랐다. 밥솥이 모든 걸 다 해결해주어도 엄마는 밥물을 맞추는 데 관심이 없었다.

　나는 엄마보다 이모를 좋아했다. 이모의 든든함과 확고함이 좋았다. 무엇보다 이모가 만들어주는, 소박하지만 맛난 밥상이 늘 반가웠다. 엄마에게 찾을 수 없는 정돈된 분위기와 안정감도 좋았다. 내가 이모를 유독 편하게 여기며 속 이야기를 한단 걸 알게 된 엄마는 몹시 불편해했다. 틈만 나면 이모를 냉소적으로 비웃었다. 엄마는 주위 사람들에게 이모에 관한 이야기를 장황하게 되풀이했다. 이모의 별 볼 일 없는 인생과 의미 없고 초라한 삶에 대해 걱정된다며 떠들었다. 나는 이모의 가난한 삶이 큰 문제로 보이지 않았다. 누구에게도 폐를 끼치지 않았으니까. 큰 야망 없이 주어진 삶을 근근이 살아가면 실패한 삶일까? 어쨌거나 엄마가 이모의 삶을 묘사하면 쓸모없는 삶이 되었다.

　나는 엄마의 탁월한 말솜씨에 지금도 놀란다. 어쩌면 엄마의 소질은 작가적 소양에 있지 않았을까? 모두 엄마의 이야기에 속아넘어가도 나는 엄마를 꿰뚫어 보았다. 엄마는 자신이 원하지만 결코 자신일 수 없는 모습을 연기하는 것일 뿐이고, 과거 엄마의 슬픈 스토리는 모두 변명을 포장한 것이라고.

아빠와 엄마 사이의 갈등이 고조되는 집안 분위기도 싫었다. 아빠도 이모와 같은 부류였다. 큰 야망이 없이 그날 행복하면 족한 분이었다. 엄마는 그런 아빠를 무시하고 못마땅해했다.

나는 아빠를 무시하는 엄마와 싸웠고, 대들고, 가끔 엄마를 향해 소리를 질렀다. 또 엄마를 피했고, 대학에 들어가자마자 집을 떠나 서울로 올라와 물리적인 거리를 두었다. 대학을 선택한 기준은 집을 떠날 수 있는 곳이었다. 지방 도시에도 대학은 있지만 가능한 멀리 가려고 했다. 그런 내가 엄마를 그리워하고 남자친구에게 엄마의 모습을 찾는다고?

그리움이란

"지난 회기를 마치고 나서 내내 선생님의 말씀을 곱씹어 봤어요."

"어떤 점이 마음에 꽂혔나요?"

"제가 남자친구에게서 엄마의 특성을 찾았고 기대했다고 하신 말씀이요. 첫 회기 때 우연히 말이 나왔지만, 전 엄마와 멀어지는 게 목표였어요. 사춘기 때는 엄마에게서 벗어나려는 노력이 본격적으로 시작되었고요. 그 노력은 언제나 싸움으로 번졌지만요. 아빠랑 동생은 엄마와 내가 싸우지 않으면 우리 집안이 편안할 거라고 한탄했어요. 그렇게 애써 겨우 엄마에게 벗어나 혼자 살게 되었는데, 제가 남자친구에게서 엄마를 찾았다니 억울해요."

"남자친구에게 엄마를 찾았다는 말이 이상하게 들렸겠어요. 잘 아시겠지만 그 말은 나도 모르는 마음속 깊은 곳에서 원하는 걸 의미한 건데요. 우린 누구나 있는 그대로의 나를 사랑하고 인정해 주는 사람을 원해요. 기억나지 않은 어릴 때 각인된 건지도 몰라요. 내가 뭘 잘하지 않아도 사랑 받았던 시절, 그저 먹고 자고 웃고 울기만 해도 관심과 사랑을 받았던 기억은 우리를 행복하게 하지요. 그래선지 우리는 언제나 그때의 엄마를 찾는답니다. 나를 있는 그대로 사랑하고 보호하고 지지해주던 엄마의 모습을 찾는 건 무의식적인 욕구라고 할 수 있어요. 그 욕구는 우리 마음속에 완벽한 어머니 모습으로 자리 잡게 돼요. 어머니의 원형이자 자식을 위해 희생하고 한없이 베푸는 엄마의 사랑은 모든 종교에 깃들어 있어요. 때론 고향을 그리워하는 마음으로, 유토피아를 찾아 나서는 행동으로 나타나기도 하고요."

"나를 있는 그대로 사랑하고 보호하고
지지해주던 엄마의 모습을 찾는 건
무의식적인 욕구라고 할 수 있어요.
그 욕구는 우리 마음속에
완벽한 어머니 모습으로 자리 잡게 돼요."

머릿속이 어지러웠다. 한편으론 늘 채워지지 않은 그리움이 설명되는 것 같았다.

"그러니까 제가 현실에서는 실제 엄마에게 실망하고 마음속의 이상적인 엄마를 남자친구에게 찾았다는 건가요? 바보가 된 거 같네요."

"앞에서도 말했지만 나의 결점과 단점, 실수에도 불구하고 괜찮다고 해줄 대상을 찾는 건 당연해요. 우리는 언제나 약점이 많은 나를 사랑해줄 사람을 부지불식간에 찾는답니다."

"그런 거 같기도 하네요."

한편으로는 그런 노력 따위가 지겹고 싫다고 속으로 소리쳤다. 선생님은 잠시 말을 멈추고 나를 바라보았다.

"복잡한 얼굴을 하고 있네요."

"인간은 슬픈 존재라는 생각이 들어요. 꼭 누구에겐가 사랑을 받아야 할까요?"

이번에는 선생님이 복잡한 얼굴을 했다. 잠시 침묵이 흘렀다.

"한때 'Love Myself!'란 말이 유행했죠. 맞아요! 인간은 자신을 사랑하며 독립적이어야 하지만 서로 의지하며 관계하는 존재이기도 하니까요. 사랑은 나라는 사람이 중요하다는 걸 증명해주는 최고의 방법이기도 하고요."

"꼭 내가 중요해야 하나요?"

반대를 위한 반대 같은 억지란 걸 알았지만 반항하는 사춘기 소녀처럼 심술을 부렸다.

"스스로 중요하다고 여기고 있잖아요?"

선생님이 하하 소리 내어 웃었다. 굉장히 유쾌한 것 같아서 멍하게 그 모습을 바라보았다.

그날 저녁 잠이 쉬이 오지 않았다. 선생님과 나눴던 이야기가 머릿속을 맴돌았다.

"만약 자신이 중요하지 않다고 여겼다면 이곳에 오지도 않았겠죠. 자신을 중요한 사람으로 여기지 않았다면 사랑하는 사람이 떠났다고 화를 내거나 문제 원인을 찾으려 노력하지 않았을 테고요. 자신을 하찮게 여겼다면 포기하고 순응한 상태로 지냈을걸요."

선생님 말에 반박이라도 하고 싶었지만 마땅히 할 말이 떠오르지 않았다. '노예라면, 아니 내가 못났다는 걸 인정한다면 위로를 원하지도 않았을 테고 내 곁을 떠났다고 원망하지도 않았을 테지.' 나 자신을 어느 정도 인정한 때문인지 밤이 늦도록 화가 풀리지 않았다. 그래서 눈에 보이지 않은 남자친구에게 소리쳤다.

'그렇게 못났을 줄 몰랐어. 정말 비겁하네. 자존심이 상한다고 어떻게 떠날 수가 있니?'

또 멀리 있는 엄마를 원망했다.

'엄마는 내가 실패했을 때 위로해 주지 않았잖아? 어떻게 그럴 수가 있어? 내가 실수해도 엄마가 믿고 기다려준다면 얼마나 좋아? 엄마가 내 모습 그대로 사랑하면서 잘할 수 있을 거라고 믿어준다면 얼마나 좋을까. 무엇이든 잘해야지 그나마 관심을 보여줬지.'

가슴이 메어왔다. 내가 원하는 건 단순했다. 그게 무리한 요구였을까? 창밖이 밝아질 때까지 울었다. 선생님의 말씀을 인정해야겠다. 철이 들고서부터 엄마의 사랑을 찾아 여기저기 기웃거렸다. 거친 세상을 살아갈 때 자신감을 줄 진짜 사랑을 찾아다녔다.

'너무 해요. 너무 해!' 나는 누구에게도 할 수 없는 말을 허공에 대고 소리쳤다. 처음으로 실존적인 슬픔을 느꼈다. 아무 준비 없이, 보호자도 없이 세상에 던져진 연약한 존재가 바로 나라는 생각에 사로잡혔다. 베개가 축축해졌다.

진심

"지난주는 어땠어요?"

"온통 회색빛이었죠. 선생님 때문이에요. 지난주 내내 복잡한 심경으로 지냈어요. 한 가지 다행이라면 이젠 엄마랑 남자친구를 원망하기엔 감정이 모호해진 거예요. 대신 왜 태어났나 싶어요."

"에고, 그랬군요. 그래도 엄마랑 남자친구에게 일방적으로 원망하지 않는다니 달라졌네요. 위로는 세상 사람들이 모두 혼자이기에 사랑이란 이름으로 의지할 대상을 찾는다는 거예요. 그렇게 생각하면 좀 나으세요?"

"다들 나만큼 외로운 데다 사랑에 상처를 받는다면 위로가 좀 될 거 같네요."

내가 입을 조그맣게 오므리고 웃자 선생님도 따라 웃었다. 굳어졌던 마음이 좀 펴졌다.

"선생님! 오늘은 엄마에 대해 이야기하고 싶어요."

"좋아요. 그동안 왜 그렇게 엄마를 불편해했는지 살펴보기로 해요. 혹시 동생도 엄마랑 불편한가요?"

동생과 엄마 사이를 떠올렸다.

"아뇨. 둘이 티격태격하긴 하지만 동생이 엄마를 챙겨요. 동생은 심지어 울 엄마가 귀엽다고도 하죠."

막상 그 말을 꺼내고 나니 기분이 이상했다. 도대체 왜 나랑 다른 것인가?

"엄마가 동생을 대할 때와 차이가 있나요?"

"차이가 있다기보다는 저보다 동생을 더 편하게 여기는 것 같아요. 그래선지 동생도 엄마를 편하게 대해요."

"엄마 태도는 크게 다르지 않지만, 자매가 엄마를 다르게 대하는군요."

선생님의 지적을 곱씹어 보았다. 곰곰이 되짚어 보아도 동생과 나를 대하는 엄마 태도가 큰 차이는 없었다. 그런데 나와 동생의 엄마에 대한 감정은 달랐다. 따지고 보면 동생이 오히려 차별을 받았다. 장녀인 내게 더 많은 기회가 주어졌고 관심도 더 받았으니까. 심지어 동생은 언니에게 매사 양보하라는 주의를 받기도 했다. 그런데 중요한 건 나만큼 엄마 손에 쥐락펴락 당하지 않았다는 사실이다.

"동생은 좀 느긋하다고 해야 할까요? 엄마랑 스스럼없이 지내고 주변을 별로 의식하지 않은 편이에요. 저는 까다로운 데

다가 완벽주의자 같은 면이 있어요. 그래선지 동생과 다르게 지금도 엄마에게 안부 전화를 하지 않으면 불안해요."

"안부를 묻지 않으면 불안하다고요? 엄마가 걱정되나요?"

"아니요. 그냥 불편해서요. 엄마가 화내는 게 싫으니까 미리미리 챙기는 거죠."

말을 하면서 이상해서 견딜 수 없었다. 엄마가 화내는 게 싫다고? 화낸다고 무서운 건 아니지만 그런 엄마를 떠올리기만 해도 질식할 것 같은 무게감이 느껴졌다. 작은 상담실에 침묵이 흘렀다. 뭐라도 말을 해야 했다.

"저는 항상 엄마가 신경 쓰여요. 또 왜 그런지 매사 엄마 의견을 물어보는 편이에요. 물론 의견을 물어보고 난 후 반론을 펼치며 싸우지요. 엄마는 늘 부정적이거든요. 안 되는 것부터 생각하셔서 김을 빼놓죠."

"그래도 매사 엄마 의견을 묻는다면서요? 왜 그럴까요?"

"설마 엄마의 응원을 기대했던 걸까요? 그랬군요. 사실은 엄마가 응원해주길 기대했어요. 그리고 기뻐하는 모습을 보고 싶었어요. 언제나 실망했으면서도 지치지 않고 시도했었던 것 같네요."

목소리가 기어들어 갔다. 이게 뭐란 말인가! 마음 깊은 속에서는 언제나 엄마의 응원과 격려를 기대했다니. 그토록 간섭 받길 싫어했음에도 결국은 엄마의 승낙을 구하고 있었다니. 당혹스러움 뒤로 작은 꼬마 아이가 뒤돌아선 엄마를 애타게 바라보고 있는 모습이 겹쳐졌다.

분리

그날 밤 꿈을 꾸었다. 나는 작은 집을 꾸미고 있었다. 비닐이 여기저기 드리워져 아직 공사가 덜 끝난 집처럼 보였다. 얼핏 보니 엄마가 작은 거실에 앉아 있었다. 나는 오싹한 기분이 들어 짐을 챙겨 집을 나왔다.

"어디 가는 거야?"

엄마 눈을 피해 몰래 나온 줄 알았는데 뒤에서 날카로운 소리가 들렸다. 나는 빨리 이곳을 피해야 한다는 생각에 대답하지 않고 계단을 뛰어내려갔다.

"어디 가?"

그 말과 함께 엄마가 본격적으로 나를 쫓아왔다. 필사적으로 두세 계단을 달려 내려가면서 "오지 마, 엄마!" 하고 소리치고 싶었지만 쉽게 목소리가 나오질 않았다. 난 울면서 가슴을 쥐어 짜낸 뒤 필사적으로 외쳤다.

"오지 마!"

그 소리가 귀에 울려 헉 하고 숨을 몰아쉬며 일어났다.

"저 2주째 엄마한테 전화하지 않고 있어요. 이렇게 오랫동안 안부를 묻지 않은 건 처음이에요."

"그래요? 엄마랑 연락하지 않으니 기분이 어때요?"

"가끔 불안하지만, 한집에 사는 것도 아닌데 매일 연락하는 건 아니지 하며 맘을 달랬어요."

"엄마도 연락 안 하시나요?"

"네… 그래서 아빠한테 연락해서 엄마 괜찮냐고 물었어요."

"그랬더니요?"

"요즘 바쁘시대요. 가죽공예를 배우신다나요. 어이가 없었어요. 괜히 나 혼자 불안에 떨었지 뭐예요."

"그래도 생각만 하지 않고 사실을 확인한 건 잘했어요. 엄마는 잘 지내시는군요."

"그런 거 같아요. 제가 문제지요."

"아직도 헤어진 남자친구 때문에 슬프지요?"

"슬프기도 하지만 여러 가지 생각이 들어요. 그 친구를 끊임없이 시험했던 것, 내가 원하는 사람으로 바꾸기 위해 노력했던 것 모두 떠올라요. 갑질이 심했어요. 사랑한다면서 내 마음에 들지 않으면 맨날 괴롭혔거든요."

"여자의 갑질은 남자를 문화적으로 괜찮은 사람이 되도록 하지요. 남자는 괴롭겠지만요."

선생님 말씀에 웃음이 나왔다. 그건 사실이다. 처음에 촌스러웠던 천둥벌거숭이가 사귀다 보니 점점 세련되게 변했으니.

"눈치가 빨라지긴 했어요. 몇 년이 지나자 내가 기분이 나쁠 때면 어떻게 해야 하는지 알고 기분을 풀어주려고 했어요. 그럴수록 더 까다롭게 굴었지만요."

"상대는 사랑을 느끼기 어려웠겠네요?"

그 말이 가슴을 울렸다. 반박할 수 없었다. 그래도 볼멘소리로 변명을 했다.

"늘 못되게 군 건 아니고 잘해주기도 했어요."

"당연히 그랬겠죠. 사랑했잖아요. 설마 맨날 까다롭게만 굴었을까요."

대면

내 모습을 동영상으로 본 적이 있었다. 친구 결혼식 때 찍은 영상이었다. 영상 속 모습을 똑바로 바라보기 힘들었다. 내가 저렇게 걷는다고? 저렇게 어깨를 구부정하게 한 채로 서 있다고? 왜 말을 할 때마다 머리카락에 손을 넣어 쓸어넘기는 걸까? 왜 자주 얼굴을 만지작거리는 걸까. 그때와 같았다. 요즘 들어 그동안 무심결에 했던 내 말과 행동 속에 진짜 나의 요구와 의도가 있었다는 걸 문득 깨닫고 있다. 당연하지만 그런 깨달음은 뒷맛이 개운치 않았다.

또 생각들, 생각들. 맙소사! 내 생각을 의심할 수밖에 없는 또렷한 증거는 오늘 아침에도 동생과 한바탕 싸우면서 명백하게 드러났다.

"언니는 늘 이기적이었어! 나는 엄마가 언니 때문에 속상해할 때마다 언니가 미웠어."

동생이 내게 한 말이다. 그 말을 듣고 속에서 치받는 열기를 진정하느라 한동안 말을 잇지 못했다.

"결혼이 깨진 것에 대해서 엄마는 사과 한마디 하지 않으셨어. 내가 어떻게 이해해야 해?"

떨리는 목소리를 진정하며 되물었다.

"그게 왜 엄마 책임이야? 둘 사이의 문제 아닌가?"

동생의 말이 끝나기 전에 전화기를 내동댕이 치고 말았다. 죽어도 하기 싫은 건 현실을 직시하는 것, 있는 그대로의 사실을 받아들이는 것이다. 그게 사랑하는 사람의 변심일지라도. 하지만 그걸 인정하고 난 후에는 어떻게 살아갈 수 있을까? 엄마를 원망하지도 못하면 나는 어떻게 해야 할까? 전화를 끊기 전에 동생이 했던 말이 떠오른다.

"언니랑 엄마랑 닮은 거 알아? 둘이 성격이 똑같다니까! 완고하고 유치하고 게다가 꿈은 엄청나게 크잖아."

엄마의 가장 싫은 점을 내가 닮았단다. 나는 엄마처럼 살고 싶지 않았다. 엄마처럼 되고 싶지도 않았다. 멋지게 자신의 삶을 꾸려가는 것 같아도 내면이 얼마나 빈약한지 알고 있으니까. 그 증거로 자신의 못다 이룬 꿈을 나더러 이루라고 끊임없이 강요했다. 그리고 내게 실망했다고 불평했다.

"엄마?"

"큰애냐? 웬일이니? 전화를 다 하고."

"…"

말을 밉게 하고 퉁명스러운 것도 엄마의 싫은 점이었다. 이럴 때 반갑게 해주면 어디 덧나나! '객지에서 일하는 딸 중에서 나처럼 전화를 자주 하는 딸이 있어?'라고 되묻고 싶은 걸 참았다.

"내가 엄마 닮았다고 하더라고. 그렇게 생각해?"

"갑자기 뚱딴지 같은 말이야? 엄마 딸이니까 닮았겠지."

엄마의 당황한 기색이 느껴졌다.

"넌 엄마 닮은 거 싫어하잖아?"

이번에는 내가 침묵했다. 사실이었다.

"내가?"

어떻게 알았냐고 묻고 싶었지만 생략했다.

"그래, 언제나 그랬지. 다른 애들처럼 엄마가 세상에서 제일 좋다는 말을 한 적이 없으니까. 넌 빈말이라도 그런 말을 하지 않았어. 넌 틈만 나면 이모에게 내 흉을 봤잖아. 신학기가 되면 선생님에게 상담을 신청해서 엄마에 대한 불만을 말했지. 그때 얼마나 속이 상했는지 아니?"

아뿔싸, 엄마가 모두 알고 있을 줄이야. 나는 부끄러워서 말을 이을 수가 없었다.

"외가에서는 내가 널 너무 떠받들며 키워서 그런다고 나무

랐어."

"내가 뭘 그렇게 엄마 흉을 봤다고…."

"네가 날 싫어하는 건 알지만… 그래 나도 잘못한 점이 있었을 거야."

더 듣기가 민망해졌다. 서둘러 전화를 끊고 말았다. 태어나서 처음 엄마의 속내를 들은 셈이었다. 그러고 보니 엄마도 기분이 나쁘고 속이 상할 수 있음을 인정한 적이 없었다. 엄마니까 못된 자식도 참아야 한다는 잣대가 굳건히 자리 잡고 있었던 것일까?

다른 생각, 다른 감정

"오늘이 마지막 회기군요. 이젠 좀 견딜 만한가요?"

선생님이 주신 차를 후루룩거리며 마셨다. 그동안은 울기 아니면 흥분 상태로 찾아왔기 때문에 따뜻한 차가 차갑게 식어도 마실 생각을 못했다.

"네. 지난주 내내 기분이 썩 좋진 않지만 그런 기분을 없애려고 억지로 노력하진 않았어요. 기분을 음미하려고 했죠. 왜 그럴까를 생각하면서요."

"대단한데요! 이젠 감정이나 기분을 느끼면서도 휩쓸리진 않는군요. 그런데 왜 기분이 별로였어요? 혹시 무슨 일이 있었나요?"

"엄마랑 통화하면서 알게 된 일인데요. 제가 그동안 주위 사람들, 특히 이모한테 엄마 흉을 잡고 흉을 많이 봤더라고요. 전 그냥 속상해서 하소연했던 건데 전해 듣고 보니 결국 모두 엄마에 대한 불평이었고, 불만을 흘리고 다닌 거더라고요. 물론 지금도 왜 그랬는지 변명할 수 있어요. 하지만 엄마가 알고 있었다는 게 부끄러웠어요. 그 후에 찝찝한 기분이 계속되고 짜증도 났어요."

"불편한 상황이었네요."

"정확히는 저 자신에게 화가 났어요. 이럴 땐 어떡하죠?"

"모처럼 꺼림칙함을 느끼고 있군요. 그럴 땐 자신을 돌아보고 내 잘못을 인정하게 되면, 또 상대가 받은 상처가 느껴지면 진심으로 사과하세요."

"사과라… 그러고 보니 헤어진 남자친구의 최대 불만이 내가 사과하지 않는 점이었어요."

"사과하지 않는 편인가요?"

"사과하지만 말로 하진 않아요. 제 사과는 냉랭한 분위기일 때 먼저 말을 꺼내는 거예요. 눈치 보다가 먼저 말을 걸면 그게 사과하는 거랑 같다고 여겼거든요."

말하면서도 이상하긴 했다. 그동안 왜 그랬을까?

"이심전심이 가능한 상대와는 말을 안 해도 미안함이 전해진다고 믿었던 거죠?"

"네, 그랬어요. 진심은 말로 전하는 순간 약해진다고 여겼고요."

"상대와 내가 같은 감정이고 같은 생각을 할 거라는 전제가 깔려 있군요. 그럼 이렇게 생각해봐요. 엄마들이 절망하는 순간인데요. 아이가 아플 때 대신 아파줄 수 없다는 걸 확인할 때, 아무리 안타까워도 그 고통을 나눌 수 없다는 사실을 확인하는 순간, 그때야 비로소 아이에게 아이의 고유한 삶이 있다고 인정하게 된다는군요. 쓰라린 발견이죠. 우린 관계 안에서 수시로 착각해요. 상대가 나처럼 생각하고 느낄 거라고요! 그래서 매번 놀라지요. '왜 그렇게 생각해? 어떻게 그럴 수가 있지?'라고 비난하며 배신감까지 느끼죠."

"너와 내가 다르단 걸 잊고 지낸다는 거죠? 그게 엄마와 나 사이라도 그렇고, 사랑하는 사람과도 그런 경계를 지어야 한

"아이가 아플 때 대신 아파줄 수 없다는 걸
확인할 때, 아무리 안타까워도 그 고통을
나눌 수 없다는 사실을 확인하는 순간,
그때야 비로소 아이에게 아이의 고유한 삶이 있다고
인정하게 된다는군요. 쓰라린 발견이죠."

단 거죠? 씁쓸하네요."

"그게 사랑이 가진 한계고 육체를 가진 사람의 본질적인 한계예요. 한편으로는 나라는 사람의 고유함을 지켜내는 소중함이기도 해요."

'나와 너를 구분하는 소중한 경계이면서 어쩔 수 없는 한계라….' 한계로 여긴다면 끊임없이 한계를 뛰어넘고 싶을 것이나 경계라고 여기면 소중할 수도 있겠구나 싶었다.

"알 듯 모를 듯해요. 하지만 한 가지는 확실히 알겠어요. 전 어릴 때부터 엄마와 내가 다르단 걸 알고 있었나 봐요. 그때부터 엄마를 비판적인 시각으로 보았으니까요. 무의식적으로 알고 있었기 때문에, 혼자라는 사실이 너무 싫어서 엄마의 사랑을 끝없이 증명받고 싶었던 걸까요? 언제나 까다롭고 예민하게 반발하면서도 엄마에게 시선을 거두지 못했으니까요."

밖으로 나오니 비가 오고 있었다. 늦가을 비는 추위를 부른다. 이제는 유기공포에 떨지 않을 것 같다. 그렇다고 해서 즐거움에 환호할 일도 없다. 세상은 아름답지도 괴롭지도 않은 곳이다.

"이제는 제가 약하지 않은 거 같아요. 괴로워도 무너져내리진 않아요. 맷집이 생긴 걸까요?"

"견뎌내는 만큼 강해지죠. 그래야 어른이에요. 진짜 어른이 되고 있군요!"

이 대화를 끝으로 선생님과 담담히 헤어졌다. 하지만 마지막 인사처럼 슬쩍 던져주신 말이 오랫동안 귓가를 맴돈다.
"혼자라고 슬퍼하지 마세요! 인도 전승 잠언에 의하면 세상은 내가 맛볼 음식이라고 해요. 그렇다면 달고 쓰고 떫고 신맛을 모두 맛보아야 하지 않을까요? 그래야 삶이라는 음식의 깊은 맛을 알게 될 테니까요."

엄마처럼 살기 싫었다

Part 2 순응

좋은 엄마의 무게

"
때가 되면 엄마 없이
혼자 길을 떠나야 한다.
"

악몽

"돌아가신 엄마가 밤마다 찾아와!"
 이 말에 뜬금없다고 여겼는지 친구들이 놀란 표정이다. 다행인 건 우스갯소리로 넘겨짚지는 않았다는 거다. 친구들이 호기심을 보이며 초롱초롱한 눈으로 한 마디씩 건넨다.
 "뭐라고? 귀신이라도 본 거야?"
 "괜찮아?"
 "엄마랑 말 못 할 사연이라도 있는 거야?"
 그들이 실망하는 모습을 보긴 싫지만 어쩔 수 없다. 사실대로 얘기하는 수밖에.

"요즘 들어 밤마다 꿈을 꾸는데, 거의 매일 엄마가 꿈속에 나타난다고."

내 말에 친구들의 호기심은 멀찌감치 사라져 버린 듯했다. 대신 조심스럽게 얘기들 한다.

"상담을 해보는 건 어때?"

"정신적인 문제는 정신과에 가야 하잖아. 그래서 권하고 싶은 것은 …."

그래, 그래서 이곳에 왔다! 오크 색 가구가 흰 벽과 대조를 이루는 곳, 대기실 복도가 고요한 곳에. 시계침 소리가 들린다. 미세하지만 철컥 하는 소리가 들리고, 그 뒤엔 침묵이 이어진다. 나는 그다음 소리를 기다리고 있다. 조바심이 절로 난다. 잠시 후 철컥 하며 1분이 지났음을 알리는 시계 소리와 함께 기계음 소리가 들렸다.

"슈욱!"

바람 소리와 함께 출입문이 열렸다. 나도 모르게 벌떡 자리에서 일어섰다. 문 앞에서 나와 부딪칠 뻔한 여자가 놀라서 나를 쳐다보았다. 눈자위가 벌겋게 부어오른 게 보인다.

"앗, 죄송해요."

저 여자가 내 앞 순서였나 보다. 무슨 사연을 들고 왔을까? 저 정도로 눈물을 흘릴 일이라면 실연의 상처? 그때 문이 열리고 상담 선생님이 들어왔다.

"안녕하세요, 선생님!"

스스로 생각하기에도 필요 이상으로 명랑한 인사였다. 이렇게 활기찬 사람이 심리 문제로 상담을 받으려 하면 진단을 어떻게 할까? 나는 사람들을 보면 미소부터 짓는다. 미소 후에는 목소리를 평소보다 한 옥타브 높여서 인사를 한다. 그런 나를 보면 모두 기분이 좋아진다고 칭찬한다.

"매일 밤 꿈을 꿔요. 그래서 잠을 잔 것 같지 않아서 왔어요. 꿈에 자꾸 돌아가신 엄마가 나오는데 너무 생생해서 깨고 나면 기분이 이상해요. 꿈에서도 '엄마가 돌아가셨는데 왜 나오셨지?' 하며 놀라서 깨기도 해요."

이건 좀 이상했다. 명랑한 목소리로 악몽을 설명하는 건 아무래도 그로테스크하다. 다행히 선생님은 못 본 척해 주셨다. 그러니까 상담 선생님이겠지. 그래도 쓸쓸한 마음이 가시지 않는다. '난 여기까지 와서도 겉으로는 명랑한 사람이구나.'

하는 생각 때문이랄까.

"어머니는 언제 돌아가셨어요?"

"돌아가신 지 벌써 5년째예요. 가끔 잊고 지내기도 하는데 왜 이런지…."

"그렇군요. 어머니를 떠올리면 생각나는 건요?"

"좋은 분이란 거요. 가족 모두가 엄마에게 의지했고 우리 가족은 엄마를 중심으로 뭉쳤어요. 엄마는 늘 아버지께도 극진하셨고 말썽꾸러기 오빠도 엄마라면 껌뻑 넘어갔죠."

나는 대본을 읽듯 술술 말을 했다. 모두 사실이었으니까 덧붙인 게 아니었다. 가족에 대한 엄마의 보살핌은 알뜰했으니까.

"심장이 안 좋으시긴 했는데 사실 큰 질환은 아니었어요. 작은 시술이 있었는데 그게 잘못되었어요."

그 누가 자신의 엄마가 돌아가신다는 사실과 동시에 영영 만날 수 없음을 상상할까? 우리는 태어나면서 동시에 죽음을 선고받지만, 그 진실은 너무나 낯설어 잊어버린다. 더구나 엄마는 처음부터 함께 있었으므로 세상을 떠나는 순간까지 같이 있을 것으로 부지불식간에 믿게 된다. 지금도 나는 엄마의 죽음이 믿기질 않는다. 긴 여행을 떠난 정도로 여기며 지내다가 다시는 만날 수 없다는 사실을 깨닫게 되면 불현듯 절망감에 휩싸인다. 그럴 때면 다리에 힘이 풀리며 모든 경계가 허물어져 내리는 것 같다.

"병원에 입원하실 땐 금방 퇴원하실 줄 알았는데 점점 상태가 나빠졌어요. 그런데 놀랍게도 돌아가신다는 사실을 받아들이고 나서는 오히려 차분해지더라고요. 아버지와 오빠가 너무 슬퍼해서 어쩔 수 없이 제가 장례식을 도맡아시피 해서 치렀어요."

"대단해요. 집에서 막내데도 어른 노릇을 했군요."

나는 선생님의 말씀에 미소를 지으려 했지만, 오른쪽 입술 끝만 간신히 움찔할 수 있었다. 접대용 인사를 할 때 외엔 웃기 힘들었다. 감정과 감각 모두 오작동인데, 이상하게도 회사에 가거나 외부에서 사람들을 만날 때만 정상 작동을 했다. 나쁜 건 아니겠지만 가끔씩 텅 빈 느낌이 들곤 했다. 내가 사라진 것 같은 착시현상이랄까.

"혼자 있을 때는 어떻게 지내나요?"

"퇴근 후에는 대개 멍하게 누워서 보내요. 유튜브나 핸드폰으로 서핑을 하죠. 쇼핑몰을 기웃거리기도 하고요. 그러다 수면유도제를 먹고 잠들어요."

"주말에도 그렇게 보내나요?"

"뭔가 해야 한다고 생각하지만, 워낙 일이 불규칙해서 규칙적으로 시간을 내기 힘들어요."

나는 선생님의 놀라는 표정을 보며 황급히 설명을 덧붙였다.

"업무의 특성상 주말도 반납해야 할 때가 있어요. 물론 다음 날은 쉬도록 해주니 직원을 못살게 구는 회사는 아니에요. 꽤 좋은 직장이고 누구나 선망하는 곳이라 친구들의 부러움을 한 몸에 받아요. 대부분 직장이 그렇듯 일 외에 다른 걸 하긴 어렵죠."

"생활 전부가 회사 일로 채워져 있네요."

"괜찮아요. 열심히 일할 나이이니까요."

나는 어깨를 으쓱하며 천진한 표정을 지었다. 언제나 누구도 내게 정답을 요구하지 않지만 난 본능적으로 상대가 좋아할 만한 대사를 잘 고르는 것 같다. 그리고 이런 어린아이 같은 순진한 명랑함은 대개 잘 통했다.

"정말 괜찮아요? 수면유도제를 먹고 자야 하는데요."

"아, 수면유도제요? 그건 멜라토닌이라고 햇빛을 못 봐서 잠을 못 자는 사람들이 먹는 거라 약한 거예요."

"그렇군요. 어쨌든 잘 잘 수 있다면야 괜찮죠. 그럼 지금도 가족과 함께 지내나요?"

"쭉 같이 지내다가 최근에 독립했어요. 회사까지 거리가 멀어서요. 아버지가 서운해하셨지만요. 그래도 주말이면 거의 집에 가서 지내곤 해요."

"잘하고 있군요. 악몽만 아니라면…."

선생님은 살짝 미소를 짓다가 잠시 생각에 잠겼다.

"그럼 다시 꿈 이야기를 해주시겠어요?"

접대용 인격

지평선 끝이 보이지 않았다. 짙은 남색 하늘에 체리 핑크 구름이 엷게 드리워져 있었다. 멍하게 그 풍경을 바라보았다.

"아름답지?"

옆에서 엄마가 감탄의 한숨을 쉬었다.

"네. 하늘이 예뻐요."

문득 기분이 이상해서 나는 엄마를 돌아보았다. 그리고 외마디 소리를 질렀다.

"엄마는 돌아가셨잖아요!"

도시의 하늘은 한 뼘 정도 크기다. 한 뼘 아래 거리는 크리스마스 트리 아래 놓인 선물상자처럼 반짝거렸다. 한낮의 시멘트 구조물들은 어둠 속에 숨어 버렸다. 오늘은 내 이야기를 할 수 있었다. 다른 이들의 이야기를 들어주거나 위로하지 않고 나에 관해서만 이야기할 수 있었다. 그 사실만으로도 마음이 가벼워졌다. 학창 시절에는 상담실 단골이었다. 기숙학교라 상담실 이용이 자연스러운 환경 때문이기도 했다. 상담실에 가면 엄마한테 말 못 할 일들, 속상한 심정을 상담 선생님께 털어놓았다. 자잘한 문제로 엄마에게 걱정 끼치기 싫었다. 엄마는 내가 아니어도 오빠 때문에 힘든 분이었고 몸도 약한 분이었으니까. 하지만 너무 답답하고 슬플 때는 상담실에 가서 속내를 털어냈다. 가끔 울기라도 하면 한동안 잘 지낼 수 있었다.

바쁜 업무를 겨우 처리하고 자리에 앉았다. 곧바로 핸드폰을 확인해보았다. 부재중 통화 목록과 메시지가 빼곡하게 보인다. 잠시 자리를 비우면 이렇게 나를 찾는 아우성들이 쌓인다. 아빠와 오빠의 문자에 간단히 답을 하고 부재중 통화에서 유난히 눈에 띄는 회사 선배에게 전화를 했다. 무슨 말을 할지 뻔했다. 하소연과 짜증이 뒤섞인 반복되는 잔소리겠지. 지금은 그녀의 하염없는 투정을 받아 줄 힘이 없었지만 습관적으로 버튼을 눌렀다.

"여보세요. 전화 못 받아서 죄송해요. 미팅이 있어서… 오늘 어떠셨어요?"

또 언제나 활력이 넘치는 목소리. 접대에 능한 내 인격이 나의 또 다른 우울한 인격을 간단히 물리친다.

"아, 그러셨구나… 아이고 어떡해요. 정말 화가 많이 나셨겠어요."

이제 본격적으로 그녀의 감정과 하나가 될 시간. 한 시간 통화 내내 그녀와 함께 웃고 화내고 짜증을 냈다. 통화를 마치자 손가락 하나 움직일 힘이 없었다. 통화 내내 유쾌했던 기분이 어디론가 사라져버렸다. 원래부터 있기는 했었는지 모르겠다. 대신 왼쪽 관자놀이가 욱신거리고 속이 쓰라렸다. 절망적인 기분이 내게 물었다.

'정말 반가웠니?'

내가 답을 한다.

'아니야. 모르겠어.'

또 어디선가에서 묻는다.

'진심을 털어내 봐! 진짜 속마음은 어때?'
'말할 수 없어… 선배가 나를 싫어할 수 있거든.'

한때는

"잘 지내셨어요? 지난주는 어떻게 지내셨어요?"
"늘 같아요. 팀원들과 아이디어 회의하고 윗분들께 보고하고 성과 때문에 야단맞고 그랬어요."
"꿈은요?"
"다행히 엄마 꿈은 안 꾸고 대신 회사 꿈을 꿨어요. 현실처럼 일하고 초조해하더라고요."
선생님과 내가 동시에 멋쩍은 웃음을 흘렸다.
"삶 전체가 회사로군요. 집에 가서도 회사 생각을 하세요?"
"네. 퇴근 후에도 연락이 오거든요. 저도 제 개인적인 영역이 있었으면 하지만 지난번에도 말씀드렸듯이 여력이 없어요. 번아웃인 거 같아요."
왠지 내가 작아진다는 느낌이 들었다.
"당연히 힘들 겁니다. 그런데 퇴근 후에도 회사 일을 생각하며 매여 있다뇨. 하루 일을 했으면 된 거 아닌가요. 좀 가혹한데요."

"제가 하는 일의 성격상 마감이 있을 땐 12시까지도 일을 해야 해서요. 아직도 미숙해서 그런 것 같아요."

나는 서둘러 변명했다. 한편으론 이게 겸손일까 변명일까 궁금해졌다.

"그렇게 성심껏 일하는 사람이 어찌 미숙하겠어요? 일을 잘 할 것 같은데요."

"윗분들이 일을 많이 시키긴 합니다만."

"거봐요. 믿을 만하니 그러는 거죠. 그러니 아직도 미숙하다고 스스로 비판하지도 말아요. 오늘 하루 열심히 했고, 충분했다고 하세요."

"네…."

선생님의 다정한 말씀은 고마웠지만 크게 위로가 되진 않았다.

"그럼 열심히 하는 것 말고, 재미있어서 하게 되는 건 뭔가요? 그게 아니면 행복했던 때를 떠올리면 기억나는 장면이 있나요?"

"요즘 자주 행복했던 시절을 떠올리고 있어요. 그때마다 초등학교 때 노래자랑에 나간 거랑 동아리에서 연극무대에 올랐을 때가 늘 떠오르더라고요. 사람들이 내 노래를 좋아하고 서툰 연기를 보고서도 열광해줬을 때를 떠올리면 창피하지만 웃기기도 하고요."

"노래와 연기를 좋아했나 봐요?"

저절로 마음이 가벼워졌다. 나도 모르게 미소도 떠올랐던 것 같다.

"네! 노래 부르는 걸 좋아했어요. 하지만 엄마는 노래를 잘 부를 때보다 공부를 잘할 때 더 기뻐하셨어요. 엄마가 기뻐하는 모습을 보면서 노래를 포기하게 되었고요."

"엄마를 정말 사랑했네요."

"엄마가 오빠 때문에 속상한 일이 많았기 때문에 저라도 기쁘게 해드리고 싶었어요."

"어릴 적 이야기 좀 해주세요."

오빠는 사고뭉치였다. 동네에서 소문난 개구쟁이기도 했다. 유치원에 다닐 때까진 나도 극성스러웠다고 한다. 엄마랑 아빠 모두 일을 하셨기 때문에 오빠와 나는 자유로운 편이었다. 그래서 유치원만 다녀오면 학원을 빼먹고 노느라 바빴다. 지금도 오빠를 따라다니면서 했던 놀이터에서 거꾸로 미끄럼 타기, 베란다에서 지나가는 사람들에게 침뱉기 등의 기억이 떠오른다. 그때는 나도 다른 사람을 신경 쓰지 않은 눈치 없는 아이였다. 심심하면 얼굴을 구기며 트로트를 불러 오빠와 친구들을 웃게 했다. 그들이 웃으면 더 신이 나서 팔다리를 떨며 바보 연기를 선보이기까지 했다. 그랬던 아이가 언제부터 조용하고 의젓해졌을까? 언제부턴지 나는 엄마를 기쁘게 해 주는 게 좋았다.

"학교 다닐 땐 명랑한 아이였는데도 수련회 같은 학교 여행 가는 걸 싫어했어요. 소풍이나 현장학습을 하러 가는 것도 좋아하지 않았고요."
"명랑한 아이였는데도 집에서 멀어지는 건 싫어했군요."
"네. 창피하지만 엄마랑 떨어지는 게 싫었어요. 집이 제일 좋았으니까요. 갑자기 엄마가 사라질까 봐 불안했었나 봐요. 친구들과 놀다가도 엄마 생각이 나면 집에 가고 싶었어요."
말하면서도 부끄러웠다. 하지만 그런 말을 하는 순간에도 엄마가 그리웠다.
"아이고! 그럼 엄마한테 말대꾸하거나 못되게 군 적은 없었겠네요?"

문득 유치원 다닐 때 한 장면이 떠올랐다. 엄마 모임에 따라가서 지루한 시간을 견디느라 허리가 아팠던 날이었다. 나는 착한 아이가 되어야 했으므로 그 자리에 놓인 의자나 테이블처럼 앉아 있었다. 허리를 꼿꼿하게 펴고 앉아 있어야 가끔 나를 돌아본 어른들이 칭찬했기 때문이었다.

"네. 늘 엄마 말은 바로 수긍하게 되더라고요. 엄마는 제가 어른스럽고 착하다고 자랑했어요. 모임에 데려가도 끝날 때까지 알아듣지도 못할 어른들 이야기들을 경청했대요. 엄마 친구들은 놀라며 칭찬했고요. 전 '엄친딸'의 전형이었어요. 공부를 잘해서 좋은 학교에 가고 취직도 쉽게 했고요."

"엄마가 계셨으면 자랑스러워하셨겠어요."

잠시 망설여졌다. 그렇다고 바로 대답할 수 없었다.

"글쎄요. 자주 칭찬을 듣고 가끔 자랑스러워하기도 하셨지만, 저보다 뛰어나고 예쁜 친구들은 늘 나타나니까요. 엄마도 다른 집 딸들을 부러워하시기도 했어요. 그럴 때마다 속상했죠. 나는 엄마를 위해 가족과 친구를 떠나 유학까지 갔는데요. 그렇게 많이 노력했는데도 그걸 까맣게 잊어버린 엄마를 보면 길을 잃은 기분이었어요."

낯선 엄마

나는 늘 엄마가 자랑스러웠다. 학교 선생님이신 게 자랑스러웠고, 야무진 살림 솜씨를 발휘해 집안에 먼지 한 톨이 없게 청소하는 것도 자랑스러웠다. 집에 들어왔을 때 반짝이는 거실 바닥을 보면 기분이 상쾌해졌다. 나는 앞발을 곤추세우고 경건한 기분으로 집안을 돌아다녔다. 엄마 손길이 닿으면 무엇이든 빛이 났다. 낡은 물건도 몇 번의 손질이면 새 물건처럼 반질거렸다.

마치 어떤 난관이 있더라도 최선을 다하면 정직한 보답이 받는다는 걸 증명하는 것 같았다. 난 엄마가 만들어낸 반짝거림과 질서 정연함을 지극히 사랑했고 존중했다. 반면 오빠는 집안의 질서를 깨고 혼돈을 몰고 왔다. 난 오빠를 싫어하지는 않았지만 엄마의 수고를 더하는 행동에는 비난을 퍼부었다. 그렇게 해서 언성이 높아지고 오빠랑 투덕거리면 엄마는 나를 안고 다독였다.

"오빠가 호기심이 많아서 그런 거야. 용감해서 자주 다치는 거고."

"나도 호기심 많지만 참는다고요."

"그러니까 너를 사랑하지. 기다려 봐. 오빠도 달라질 거야."

오빠가 못마땅해도 나를 사랑한다는 말에는 굳어진 표정을 풀 수밖에 없었다. 그런 날은 어김없이 엄마처럼 따뜻한 눈으로 세상과 사람을 보겠다고 결심했다.

언제부터였을까. 완벽했던 엄마에게도 허점이 있다는 걸 알게 되었다. 아마도 엄마 얼굴이 동그랗지 않고 굴곡이 있다는 걸 발견했던 때였을 거다. 이때부터 가끔 엄마가 낯설게 느껴졌다. 심지어 엄마가 옳지 않을 수도 있다는 불길한 예감이 스치곤 했다. 그럴 때마다 아무도 모르는 나의 단점, 즉 분석하고 비판하는 삐딱한 면모가 튀어나온 거라고 자책했다. 그럼에도 엄마의 너그러운 표정 뒤로 보이는 야릇한 경계심과 스치듯 지나가는 냉랭함은 엄마에 대한 이중적인 메시지가 되어 나를 혼란케 했다.

특히 외할머니에게 거리를 두는 것을 어떻게 이해해야 할지 혼란스러웠다. 엄마는 외가와 가까이 지내지 않았다. 명절이나 생신 같은 특별한 날에만 얼굴을 내밀고 서둘러 돌아왔다. 외할머니의 서운한 표정과 복잡한 심경은 어린 내게도 그대로 전해졌다. 그리고 엄마가 행복하지 않은 어린 시절을 보냈다는 걸 어렵지 않게 짐작할 수 있었다. 충격이었다. 그 때문이었을까. 그 후로는 무조건 엄마 편이 될 수밖에 없었다.

엄마의 무게

"저는 어릴 때 자주 아픈 아이였어요. 또래보다 키도 크고 건강한데도 종종 학교를 못 갈 정도로 아픈 날이 있었어요."
"그건 중요한 이야기 같아요. 자세히 이야기해 주겠어요?"
"열나고 배 아프고 체하기도 잘하고요. 창피하지만 다 클 때까지 오줌싸개이기도 했어요. 병원에서는 원인을 찾지 못했대요. 제가 약하고 예민하다고 했어요."

배탈이라도 나면 먼저 엄마 눈치가 보였다. 병명을 찾지 못한 채 계속 아프면 얼마나 미안했는지 모른다. 예민해서 그렇다니 결국 스트레스성이라는 말 아닌가. 나는 아플 때마다 자책했지만 아무 때나 열이 나고 구토가 올라오곤 했다. 증상이 심할 때는 조퇴를 했다. 텅 빈 운동장을 가로질러 집으로 돌아올 땐 불치병에 걸린 소녀를 상상했다. 상상 속의 나는 병실 침대에 누워 있고 엄마는 그 옆에서 나를 위한 기도를 드렸다. 기도하는 엄마를 떠올리기만 해도 가슴이 아려 왔고 눈물이 흘렀다. 엄마가 나를 걱정하고 슬퍼하시는 모습을 떠올리기만 해도 언제 왜 아팠는지 잊어버렸다. 배 아픈 게 사라지고 나면 멀뚱한 얼굴로 집에 들어가기 민망했다. 그럴 땐 공원 놀이터에 들러 혼자 놀았다. 아무도 없는 놀이터의 빈 철봉에 거꾸로 매달려 하늘을 올려다보며 시간을 보냈다. 뭉게구름이 펼쳐진 하늘은 높고 넓고 깊었다. 가슴 가득 슬픔만큼의 행복이 밀려왔다.

"그러고 보니 오빠는 문제아였고 전 자주 아파 엄마를 힘들게 했어요. 오빠는 엄청난 장난꾸러기였는데 초등학교 저학년 땐 아파트 지하실에서 불장난하다가 소방차가 온 적도 있었어요."

어린 시절 오빠를 떠올리니 기분이 좋아졌다. 오빠는 미워할 수 없는 악동이었다.

"오빠를 싫어하진 않았나 봐요."

"미워하진 않았어요. 하지만 오빠 때문에 엄마가 속 썩는 걸 보면 왜 저렇게 미친 짓을 하는 걸까 하면서 화가 났어요."

부모님의 만류에도 불구하고 오빠는 내가 하고 싶었지만

결국에는 포기했던 음악을 하고야 말았다. 인정받지도 못한 음악가로 살면서도 무슨 배짱인지 학교에 들어가자마자 독립하겠다고 시위를 했다. 이후 아버지에게 쫓겨나다시피 해서 나가 단칸 원룸에서 지내게 되었다. 엄마 도움을 받아 나름 자유롭게 사는 것 같았다. 그런 오빠를 볼 때마다 나만 바보가 된 기분이었다. 눈치 없는 오빠는 그런 날 위로한답시고 가끔 찾아왔지만, 그럴 때마다 내 속을 더 긁어놓고 갔다. 사실은 오빠가 부러웠다. 아등바등 살지 않아도 괜찮다는 건 쇼크이기도 했다.

"지금은 오빠랑 제일 친해요. 오빠를 보면 세상을 단순하게 살아도 되는 거 같아요."

문득 선생님이 뒤로 고흐 그림이 보였다. 고흐가 말년에 보낸 〈노란 방〉 그림이었다. 평소 같았으면 복사본 명화라 대수롭지 않게 여겼을 텐데, 그 작은 노란 방과 침대 그림에서 눈을 뗄 수가 없었다.

나는 엄마가 돌아가신 후에야 내 방문을 닫을 수 있었다. 방문을 닫으면 두 평이 좀 넘는 공간이 온전한 내 것이 되었다. 초등 고학년이 되자 방문을 닫을 수 없어 불편해졌다. 친구들과 통화할 때라도 방문을 닫고 하고 싶었지만, 방문을 닫으면 엄마가 속상해했다. 내가 말 못 할 고민이라도 하는 줄 아셨다.

"저 그림이 마음에 드나요?"

"고흐 방을 보니 엄마가 돌아가신 후에야 제 방을 갖게 되었다는 게 떠올랐어요."

"성인이 다 돼서야 방을 갖게 되었군요."

"아뇨. 유치원 다닐 때부터 제 방이 있었어요. 하지만 제 방이란 느낌이 들진 않았어요. 죄송해요. 좀 전에 했던 오빠 이야기를 다시 할게요."

"괜찮아요. 방에 관해 더 말해 줄래요?"

"아뇨, 그것뿐이에요."

"방문을 닫는다는 건 나와 다른 사람들과 거리가 생기는 거예요. 그런데 20살이 넘어서야 겨우 자신과 타인의 거리가 생겼네요."

"타인이 아니라 가족인데도요?"

"엄격히 말하자면 가족도 나와 다른 너라고 할 수 있어요."

말문이 막혔다. 불경스러운 말을 들은 것 같아 얼굴이 화끈거렸다. 선생님은 아랑곳하지 않고 말을 이어 갔다.

"나와 너를 구분하는 건 아주 중요합니다. 상대가 엄마라고 해도 그래요. 아니, 엄마라서 더 구분해야 하죠."

엄마와의 거리

"지난주는 선생님이 말씀하신 가족과 나를 구분해야 한다는 걸 생각하며 보냈어요. 그건 철학적 주제더라고요. 철학의 기초라고 할 수 있는 주체와 객체라는 개념이더군요."

자리에 앉자마자 지난주에 하다 만 이야기를 꺼냈다. 선생님은 말없이 미소 지었다. 나는 조바심이 났다.

"그러니까 주체로서의 나와 객체로서 엄마를 인식하라는 거죠?"

"우리 쉽게 이야기하기로 해요. 삶을 지성적으로 학문하듯 설명하지 말고요. 자, 언제 엄마와 거리를 느꼈는지요?"

삶을 지성적으로 설명했다고 하니 좀 멍해졌다. 맞는 말씀이지만 문제가 있으면 먼저 분석하고 이해해야 하지 않나? 그런데 삶이 뭐지? 나는 살아 있고 매일 살아가고 있지 않은가! 아… 무슨 말인 줄 안다. 살아 있음과 살면서 겪는 모든 것을

"나와 너를 구분하는 건 아주 중요합니다.
상대가 엄마라고 해도 그래요.
아니, 엄마라서 더 구분해야 하죠."

지칭하는 단어라는 걸. 그러나 삶이란 단어가 이토록 당황하게 할 줄 몰랐다.

"거, 거리요? 음… 엄마한테 거리감을 느낄 때도 있었죠."

잠깐 엄마의 낯선 얼굴을 떠올렸다. 내가 이해할 수 없어서 불편한 마음이 들게 하는 엄마 모습은 혼돈을 몰고 왔다. 혼돈을 간단히 해결하는 방법은 엄마는 문제가 없는데 내가 문제라고 결론 내리는 것이었다. 그래서 엄마와 거리감이 생길 때마다 미안했다. 나는 엄마 품을 파고들며 맘속으로 용서를 구하며 안도했다.

"엄마와 거리감을 느낄 때 엄마와 내가 다르다는 걸 알게 돼요. 죄책감이 들 수도 있고 불편할 수 있어요. 더구나 엄마를 좋아하는 딸이라면 더 그렇죠. 하지만 다름을 인정하고 난 후에야 엄마를 진심으로 그리고 더 나아가 성숙한 자세로 이해하게 돼요."

"어렵네요. 알듯 말듯 해요."

"서로 친하다는 건 생각과 취향이 같다는 믿음이 전제되죠. 만약 매사 구분 없이 같은 생각, 같은 감정으로 똘똘 뭉치면 어떻게 될까요?"

가족뿐 아니라 친구나 동료와 취향이 같고 의견이 같으면 안심이 되었다. 내가 틀리지 않았음을 증명받기 때문이었다. 그 정도도 문제가 될까? 곧바로 친구와 똑같은 옷을 입는 건 싫다는 생각이 들었다. 대학 시절 내가 가장 좋아했던 챙이 달린 모자를 친구가 쓰고 나오자 다시는 쓰지 못했다는 기억이 떠올랐다,

"거리에 같은 옷을 입은 사람들과 자주 부딪치면 기분이 나쁠 거 같아요. 예전에 그런 경험이 있거든요."

경험을 되살리니 이해하기 쉬웠다. 그러나 실제 생활에서는 다름과 같음의 쌍곡선이 어우러지는 가운데서 살아가고 있지 않은가!

"어차피 엄마와 딸이라도 완전히 똑같진 않아요, 그걸 알고도 모르는 척하는 거죠."

난 한숨을 쉬며 반박했다.

"맞아요. 아무리 가까운 사이도 똑같을 수는 없어요. 하지만 그 사실을 잊어버리고 나의 의견과 좋고 나쁨의 판단이 올라올 때마다 그걸 눌러 버린 게 문제예요."

겨우 선생님의 말씀을 이해했다. 우리는 낯선 사람들을 만나면 먼저 공통점을 찾는다. 그래야 친밀감이 생기니까. 특히

나는 사람들을 이해하고 공감을 나누기 위해서 늘 같은 점을 찾았고 같은 점에 집중했다.

"아이들은 한 아이가 울면 그 장소에 있는 모두가 따라 울어요. 공감력이 뛰어나죠. 아이들의 공감력은 본능에서 나온 거라 원시적인 공감이라고 할 수 있어요. 성인의 공감력이란 상대와 나의 감정을 구분하면서 상대의 입장과 처지를 인정하는 거예요."

나는 뛰어난 공감력, 이해력을 바탕으로 일을 잘한다는 평가를 받았다. 그런데 한 아이가 울면 같이 따라서 우는 아이처럼 반사적인 공감을 한 것이었나? 사실은 상대의 처지나 감정에 무조건인 반응을 했던 것이었을까? 혹시 어쩌다 한 번 했던 공감으로 칭찬을 받았던 게 아니었을까? 그래서 그 능력을 강화했던 게 아니었을까?

분노조절 장애

"오늘은 엄마 이야기가 아니고, 급하게 해결하고 싶은 문제를 이야기하고 싶어요. 실은 이직을 계획하고 있답니다. 회사에 불만이 있냐고요? 아니에요, 아네요. 이곳에서 7년이나 있었고 잘 지내고 있어요. 회사 내부 변동이 있거나 그러진 않았어요. 다만 제가 좀 피곤한지 화를 자주 내서 문제인데요. 점점 참기가 힘들어요. 언제 화를 내냐고요? 그러니까… 언제 그러냐면요….”

사실 요즘 화를 돋우는 사람은 신입 팀원이다. 처음에는 명랑하고 농담을 잘해서 모처럼 귀여운 후배가 들어왔다고 기뻐했다. 나는 언제나처럼 신입사원들의 업무를 도우며 훈련을 시켰다. 자연스럽게 내게 할당된 일이 되어 버렸어도 의문을 품지 않았다. 갈수록 업무량이 늘어간다는 것을 알게 되었을 땐 내가 맡은 일을 처리 못할 정도가 되어 버린 후였다.

"제가 벼락처럼 화가 났던 날은 기억나요. 후배에게 같이 야근하자고 했던 날이었어요. 평소엔 그런 요청은 하지 않은데 그땐 월말이라 처리할 게 너무 많았어요. 그런데 상상도 할 수 없는 일이 일어났죠. 후배가 팀 사정을 뻔히 알면서도 거절을 하더라고요. 전 선배가 부탁한 일을 거절한 적이 없었거든요. 그래서 그 상황이 너무 당황스러워 아무 말도 못했죠. 퇴근 시간이 되자 '수고하세요.'라고 인사를 하고 당당하게 나가는 후배의 뒷모습이 떠올라요. 온몸의 피가 거꾸로

치솟는 것 같았죠. 요즘 그 후배 얼굴을 보는 게 너무 힘들어요. 회사 가기 싫을 정도로요. 그뿐 아니에요. 오늘 아침에도 옆 사무실 인터넷이 안 된다고 제게 연락이 왔어요. 보통 때 같으면 즐겁게 처리해줬을 테지만, 오늘은 '왜 내게 연락하지? 경영지원팀이 있는데?' 하는 생각이 먼저 들더라고요. 오전 내내 인터넷 회사에 연락해서 그쪽 지시를 받아 인터넷 점검을 했어요. 그리고 옆 사무실 팀장에게 경위를 설명했어요. 옆방 팀장은 제게 불만을 털어놓았죠. 전 불만을 들어주면서 맞장구 치며 달래주느라 점심시간까지 망치고 말았어요. 점심도 굶고 미뤄둔 업무를 처리하는 데 입이 마르고 열이 나기 시작하더라고요."

사무실에서 화를 폭발시킬까 봐 긴장하며 지내는 시간이 늘어가고 있다. 사람들은 내가 화를 잘 낸다는 것을 정말 모르는 걸까? 자주 하얗게 질린 얼굴로 차가워진 손을 비비고 있었는데 말이다.

"돌이켜 보면 예전부터 사람들과 같이 있으면 급 피곤해졌어요. 탈탈 털리는 느낌이랄까요. 그래서 혼자 있는 시간이 굉장히 중요해서 주말이면 약속 없이 널브러졌던 거 같아요. 가끔 서럽기도 하고 분하기도 해서 언제까지 이렇게 살아야 하는 걸까 한탄이 나와요."

눈 주위가 뜨거워져서 선생님 뒤에 걸려 있는 노란 방과 침대가 그려진 그림을 바라보았다. 시선이 그림에 고정되어 있어 선생님보다 그림에 대고 독백하는 것처럼 보였을지도 모른다.

"그렇다면 언제까지 이렇게 살아야 하냐고 누구에게 하소연하는 걸까요?"

선생님의 질문을 받고 보니 이상하긴 했다. 내가 나한테 하는 말은 아니었다.

"글쎄요. 누구에겐가 항의하는 것 같네요. 운명? 아니면 돌아가신 엄마?"

희생의 대가

왜 그들의 눈치를 보고 그들의 마음에 들려고 노력하냐고 묻는다면, 내가 좀 참고 노력하면 모두가 행복해지기 때문이라 답할 것이다.

"내가 희생해서 모두가 행복해진다면 좋다는 거죠?"

"네. 전 다들 행복했으면 좋겠거든요."

그 말은 진심이었다. 이루어질 수 없는 소망은 더 절실한 법이었다.

"마음이 예쁘네요. 내가 좀 힘들면 모두가 좋다는 건가요?"

"제 노력으로 주위 사람들이 기뻐하면 저도 기쁘니까요."

"좋고 나쁨이 바깥에 있군요. 그러니까 주위 사람들에 의해 결정되는 편이군요."

"아무래도 그랬던 것 같아요."

선생님은 숨을 깊이 들어 마셨다. 나는 목을 움츠리며 고개를 숙였다.

"나는 이래서 이게 좋다라든지, 나는 이게 이래서 싫다든지, 뭐가 하고 싶다 혹은 뭐는 싫다 그런 표현을 자주 하나요?"

"특별히 싫고 좋고가 없는 편이에요. 대체로 수긍이 가거나 이해할 수 있거나 그렇거든요."

"그래도 기분이 좋은 순간을 떠올려봐요. 어떨 때 기분이 좋죠?"

"사람들이 나를 좋아할 때 기분이 좋아요."

"그래서 주위 사람들 기분을 좋게 만들려고 노력한 거군요."

"네."

"왜 그럴까요? 당연한 거지만 질문을 해보기로 해요. 남들이 나를 좋아하는 게 그렇게 중요한 건가? 세상 사람 모두가 나를 좋아할 수 없는데 어떻게 하지? 남들이 나를 싫어하면 안 되는 걸까? 그렇게요."

"사람들이 나를 좋아하면 내게 잘 대해 주겠죠. 그럼 안전하잖아요. 나를 해코지하지 않을 테니까요."

"해코지 당한 적이 있나요? 왕따 같은 거요."

"초등학교 저학년 때는 모두 저를 좋아했어요. 친구들이 특별대우를 해줬죠. 그런데 초등학교 고학년이 되니 친구들 태도가 좀 달라졌어요. 저를 은근히 비난하는 친구도 있었고 매사 뛰어난 친구랑 눈에 띄는 친구도 나오고요. 친구들이 나를 따돌리거나 싫어해서 싸우게 될까 봐 무서웠어요."

"그래서 어떻게 했나요?"

"친구들에게 무조건 잘해줬어요. 선생님께 건의해서 반 친구의 생일 파티도 챙겨주고요. 다들 파티는 좋아하니까 제가 계획을 했죠. 아이디어는 제가 전담했고 파티를 챙기는 것도 제가 했는데, 파티 날 모두 놀라고 기뻐하면 저도 기쁘더라고요. 뿌듯하기도 하고 중요한 사람이 된 것 같았어요. 그건 지금까지 쭉 하고 있긴 해요."

"직장에서 동료들 생일을 챙기고 있나요?"
"다들 그러지 않나요?"
괜히 기가 죽었다. 내가 뭘 잘못한 걸까?

엄마와의 이별이란

　세상 아이들은 엄마를 통해 인간관계를 경험한다. 이때 엄마의 반응이 아이의 성격 형성에 결정적인 영향을 준다고 한다. 아이들은 엄마의 반응에 따라 생각과 행동을 수정해가며 자신에게 유리한 쪽으로 발전해 간다. 추후 이렇게 강화된 특징은 인간관계에서 기질처럼 발휘된다. 상담을 통해 알게 된 내용을 정리했다. 과거를 돌아봐도 나랑 엄마는 문제가 없었다. 누구든지 인정할 것이다. 내가 많은 사랑과 격려를 받았다는 것을. 같은 대우를 받는 오빠가 있었지만 경쟁상대가 아니었고 차별도 없었다.
　"선생님은 제게 너무 잘하려고 하고 사랑 받으려 하는 게 문제라고 하셨어요. 아직도 왜 그게 문제인지 모르겠어요. 맡겨진 일을 잘하려고 애쓰거나 주위 사람들과 기쁨을 나누고 그래서 행복해지는 게 뭐가 문제인가요?"

"소모된다는 표현을 했어요. 번아웃이라고도 했고요. 또 희생이라는 말도 했죠. 무심코 한 말에 답이 들어 있었어요. 나를 위해서 한 일은 아니란 거죠."

"하긴 제가 좋아서 한 일들이었는데도 지친다고 했군요."

"잘하기 위해 노력하는 게 나쁜 건 아니에요. 그러나 잘해야 할 때도 나 자신에 성실하기 위해서 최선을 다하는 게 먼저예요. 내가 어디까지 할 수 있을까, 할 수 있는데 못한다고 하는 게 아닌가 하면서 스스로 질문을 해가며 나에게 관심을 두면서 하는 것과 무조건 해내야 하니까 하는 건 다르겠죠? 그건 나 자신을 알기 위해 한 일이라기보다 다른 사람들의 기대치를 채우기 위해서 한 거니까요."

"그렇게 말씀하시니 알겠어요. 다른 사람의 기대가 먼저였네요. 그런데 혹시 제가 엄마의 기대를 채워주려고 하다 보니 습관이 된 건가요?"

"엄마를 사랑하니까 원하는 걸 해드리고 싶었겠죠. 엄마가 기뻐하면 아이들은 힘을 냅니다. 그러나 시간이 지나도 그런 태도가 사라지지 않으면 지나치게 엄마에게 의존하는 결과가 되고 말아요. 왜냐하면 늘 엄마가 어떻게 생각하실까를

염두에 두기 때문이죠. 그렇게 지내다 보면 스스로 결정하는 걸 미루게 되는데요. 누구나 때가 되면 어렵고 불안해도 스스로 결정하고 책임지는 어른이 되어야 합니다."

"어른이라면…?"

누가 내게 어른이 무엇이냐고 묻는다면 말하기 어렵단 걸 깨달았다.

"정신적으로 홀로서기라는 과제를 치러야 하죠. 원래 성인식은 그런 통과의례였어요. 성인식은 고통과 외로움, 용기를 시험하고 통과해야 하는 엄격한 의례였어요. 두려움을 물리치면서 혼자 결정하고 기꺼이 책임을 지는 일은 결코 쉽지 않아요."

"그동안 엄마가 결정해주는 대로 따르는 게 좋은 거라는 생각만 하고 책임이라는 건 생각도 안 했어요. 언젠가 엄마가 자신도 집안 형편이 좋았으면 공부를 계속했을 거라고 하셨을 때 안타까웠어요. 가정을 돌보는 일도 중요하지만 자신의 인생을 살고 싶다고 했을 때도 그랬고요. 저도 엄마의 바람을 이뤄드리고 싶었는데 엄마를 따른 게 저의 문제라니 혼란스러워요."

"그건 엄마의 결정을 무심코 따르는 것과 좀 다른 거 같은

"정신적으로 홀로서기라는 과제를 치러야 하죠.
원래 성인식은 그런 통과의례였어요.
성인식은 고통과 외로움, 용기를 시험하고
통과해야 하는 엄격한 의례였어요."

데요."

"네에?"

"엄마의 결정을 따른 것과 엄마의 소망을 따라간 건 좀 구분해야 하겠습니다. 우린 나도 모르게 내 마음에 드는 걸 선택합니다. 단순히 엄마를 위해서, 엄마를 사랑하기 때문이라고만 단정지을 순 없네요."

그건 복잡한 문제였다. 무의식적으로 나도 좋다고 여긴 것, 내게 좋은 것을 선택했는데 동기는 엄마였다는 것, 동기 때문에 무조건 엄마를 따랐다고 믿어버리면 안 된다는 것쯤으로 해석하면 될까?

"쉽지 않네요. 그래서 구분하는 것을 강조하셨군요."

"네. 그래서 나를 아는 탐구가 삶 전체 목표가 되는 거죠."

"어렵고 복잡해요."

절망적인 기분마저 들었다. 이 모든 복잡함의 계기는 엄마가 나타난 악몽이었다는 게 떠올랐다.

"선생님! 왜 엄마가 꿈에 자주 나왔던 거예요?"

"글쎄요. 꿈을 해석하는 일은 어렵습니다. 정신에서 일어나는 일은 아직 파악이 안 되었어요. 다만 악몽은 우리를 정서적으로 만들기 때문에 저절로 얽매이게 되죠. 악몽의 효과 때문에 나를 돌아볼 필요가 있어요."

"그러니까 그게 뭘까요? 전 무엇을 알아야 하는 거죠?"

"이미 돌아가신 엄마를 너무 붙잡고 있었던 게 아니었을까요? 가치 판단의 기준이 되고 의지할 대상으로 말이에요. 평소 자신을 믿지 못하고 너무 불안해하니까 걱정되어 나오신 거 아닐까요? 꿈에서도 엄마가 돌아가신 걸 알아차리고 놀라서 깼잖아요. 어떤 의미로는 정을 뗀 건지도요."

나는 놀라서 선생님의 말을 따라 반복했다.

"정을 떼려고 나오셨다고요?"

"이별을 앞두면 가까운 이가 꼭 미운 행동을 한다고 하잖아요. 그래서 이별 전에 정을 뗀다고 하잖아요."

선생님은 짐짓 심각한 표정을 지었다.

정리하기

좁은 원룸에 가을이 찾아왔다. 한 뼘 크기의 햇볕이 창문 벽에 걸쳐 있더니 이제는 부엌 근처까지 빛을 비췄다. 모처럼 옷장 정리를 했다. 철 지난 옷은 따로 비닐 가방에 챙기고 버릴 옷은 종이 가방에 넣어 집을 나섰다. 나는 물건을 잘 버리지 못했다. 옷은 더욱 버리지 못하는 편이다. 낡은 옷이라고 해도 추억이 가득해서 버릴 수가 없었다. 지금도 추억을 버리는 건 나를 버리는 것과 같다고 여긴다.

오늘은 긴 머리를 짧게 자르듯 추억이 가득한 옷들을 재활용 상자에 버렸다. 빈 통이 울리는 소리와 함께 낡은 옷 가방이 사라졌다. 섭섭한 마음이 들기 전에 급히 골목 입구 코인 세탁방에 갔다. 큰 세탁통 전체가 빙글빙글 돌면서 빨래를 하는 광경을 바라보았다. '인생은 회전목마.' 뜬금없지만 돌고 도는 인생이란 생각이 무심히 스쳤다. 나는 깔끔해진 세탁물을 건조기에 돌린 후 차곡차곡 가방에 담아 넣고 다시 집으로 왔다. 이 모든 과정을 담담히 해치운 내가 무척 낯설었다.

"그래도 나쁘지 않았어요. 한편으론 자랑스러운 마음도 들더라고요."

상담실에도 햇볕이 가득했다. 찬 바람이 불수록 햇볕도 따뜻해진다. 햇살에 눈을 찌푸리자 선생님은 창의 블라인드를 내려서 눈부심을 막아주었다.

"엄마와 추억을 정리한 건가요? 설마 엄마가 사주신 옷도 버렸나요?"

"대학 입학식 때 사주셨던 코트랑 스커트는 버리지 못했어요. 엄마는 틈만 나면 그걸 입으라고 하셨지만 그건 누가 봐도 내 스타일이 아니에요. 옛날 영화에서 보던 복장인데 그걸 입고 입학식에 참석했을 때 얼마나 부끄러웠겠어요?"

"코트랑 스커트가 투피스처럼 같은 재질에 같은 색깔이면 고전적이긴 하겠어요."

"열아홉 살에는 싫었지만, 지금 나이에 보니 나쁘지 않았어요. 요즘 빈티지가 유행이기도 하고요."

"그래서 보관하는 건가요?"

"엄마에 대해 생각하게 되는 물건이에요. 코트를 걸어놓고 엄마는 내게 어떤 모습을 기대했던 걸까 하는 생각을 해요."

"엄마가 원래부터 기대했던 모습과 본인이 원하는 모습이 다른 것 같나요?"

아주 다르진 않았다. 그러나 열두 살 때 세웠던 거창한 계획이 내가 원하는 게 아니란 것을 알았다. 키가 크고 얼굴이 창백했던 아이는 자신의 평생 계획에 관해 확신에 찬 얼굴로 설명했지만 그건 평소 엄마가 원하는 계획을 읊은 것에 불과했다. 알고 보니 나도 오빠처럼 자유로움을 꿈꾸는 아이였다.

"패션 취향은 확실히 다르다는 걸 알았어요."
"노래는 다시 하고 싶은가요? 어릴 때 꿈이었잖아요."
"취미로는 상관없지만 다니던 회사를 그만두고 할 정도는 아니에요. 전 지금 하는 일이 좋아요. 잘 맞는 일을 이미 찾았더라고요."
"오호! 그럼 이직 준비도 그만두었겠네요."
"네! 쓸데없는 생각을 했더라고요."
"우리에게 쓸데없는 일은 없답니다. 내게 일어나는 일은 모두 소중해요."

상담을 마친 후 엄마를 보러 길을 나섰다. 오늘이 엄마 기일이었다. 버스 정류장으로 가는 길에 귀가 얼얼할 정도로 거센 바람이 불어왔다. 언제나 엄마 기일에는 이렇게 한파가 닥쳤다. 5년 전에도 수능 한파라고 떠드는 소리를 들으면서 장지로 향했던 기억이 난다. 장례 과정은 생소해서 긴장되었다. 기억나는 건 바람이 닿으면 찢어질 듯 아팠다는 것과 장례식을 치르는 동안 진눈깨비가 흩날렸다는 것. 손이 시리다 급기야 딱딱하게 굳어서 손가락이 펴지지 않았을 정도였다. 마지막으로 손으로 얼음이 섞인 흙덩이를 관 위에 뿌리면서 별 느낌이 없어서 당황했었던 기억이 난다. 그때는 그저 빨리 이 과정을 끝내고 따뜻한 방에 들어가 쉬고 싶었었다.

오늘은 아빠와 오빠 그리고 새언니 될 분까지 모여 엄마 기일을 챙기기로 했다. 골바람이 부는 건물 사이를 지나면서 하필 이렇게 추운 날 떠나셨냐고 묻고 싶었다. 슬픔도 제대로 못 느끼게 하는 날씨가 원망스럽기도 했다. 어쨌거나 엄마는 깔끔한 분이었다. 추위와 함께 남은 정을 정리하고 가셨으니까. 뒤늦게 엄마의 빈자리를 확인할 수 있었다. 오랫동안 그것이 두려워 내가 보내지 않았을 뿐이었다.

좋은 엄마의 무게

Part 3 경쟁

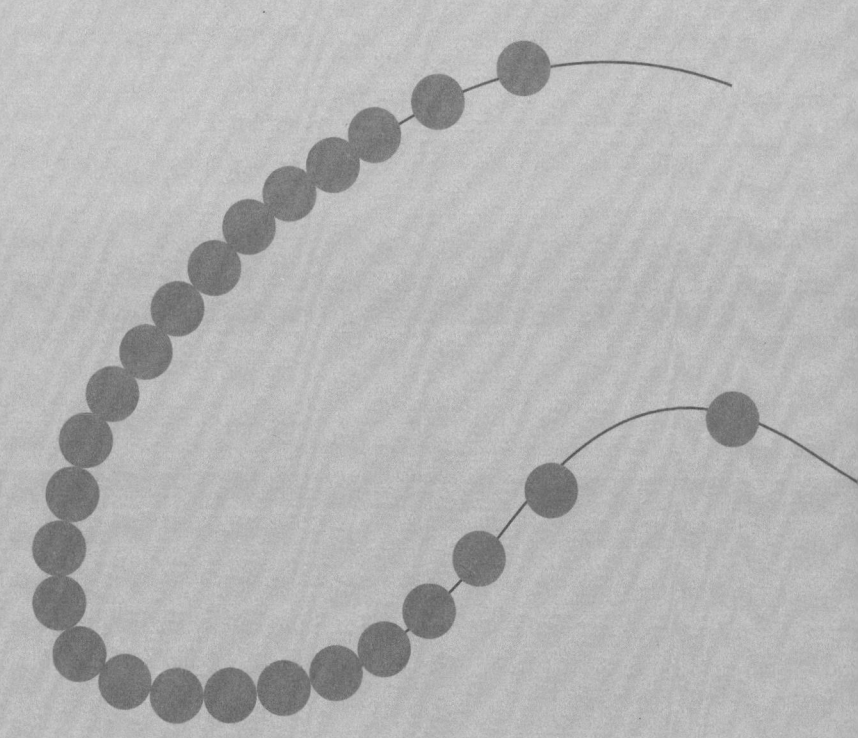

내게
필요 없는
엄마

"엄마의 자리는 결코 지울 수 없다."

*

고군분투

우리 집은 여인 천국이다. 외할머니, 엄마, 나 그리고 아빠와 남동생이 살고 있다. 여자들이 많은 집은 일단 시끄럽다. 조용한 소리로 느리게 말을 이어가다간 중간에 말꼬리를 끊고 들어오는 엄마와 외할머니 때문에 말할 기회를 놓치고 만다. 나는 그들에게 결코 틈을 안 준다. 무자비하게 무시하기, 아랑곳하지 않고 하던 말을 끝까지 하기 등이 내 특기다.

아빠랑 남동생은 막강한 여자들이 셋이나 있어선지 말이 없는 편이다. 아니 무신경하게 보이기도 하다. 특히 남동생은 의욕도 힘도 없어 보인다. 앞으로 사람 구실을 하려나 걱정이 될 정도다. 남동생은 종일 방에 틀어박혀 게임을 하다가 늦은 밤에 첫 끼를 먹는다. 그것도 꼭 라면을 먹는다. 외할머니는 동생이 밥을 안 먹는 게 세상에서 가장 큰일인 것처럼 군다. 왜 밥을 안 먹고 라면을 먹냐고 걱정하지만 종일 게임을 하느라 지친 까끌까끌한 입에 밥과 반찬이 들어가겠는가? 뜨겁고 매운 라면 국물이 제격이지!

아빠는 집안일에 거리를 두며 지낸다. 그럴 수밖에 없을 것이다. 내가 초등 저학년 무렵부터 외할머니가 방 하나를 차지했다. 그때 기울어진 살림살이 때문에 엄마가 일을 시작했다. 그래선지 아빠는 집에 들어와도 모래알의 밥알처럼 따로 논다. 아니 밥알 속의 모래인가? 여하튼! 나는 그런 아빠를 딱하게 여겨서 가능하면 재미있게 해드리려고 노력한다. 그런 노력이 가끔 오해를 받는 것 같다.

엄마는 나를 여우 같은 계집애라고 은근 미워하는 것 같고, 외할머니는 엄마와 아빠 사이를 갈라놓는 계집애라고 노골적으로 말씀을 하신다. 나는 두 분이 왜 그런 말을 하는지 이해할 수 없다. 평소 다툼이 잦은 두 분이 가끔 화해를 위해 나를 공동의 적으로 삼는 것 같다. 그래서 그런 말을 들을 때마다 화를 내며 온 집안을 들쑤셔 놓는다. 울고불고 앓아누워서 할머니가 달래다 지쳐 내 옆에 나란히 눕거나 엄마가 원하는 선물을 할 때까지 화를 풀지 않는다. 그래봤자 할머니에게 중요한 사람은 엄마랑 동생이고 나는 '콩쥐' 신세이다. 그런 이유로 나에게 중요한 사람은 아빠가 되었다. 또 할머니는 계모 '팥쥐' 엄마이고, 엄마는 '팥쥐', 동생은 멍청하고 힘만 센 '장쇠'라 할 수 있다.

오늘만 해도 그렇다. 퇴근하는 지하철 안에서 치킨을 배달시켰다. 물론 시간을 정확히 계산했다. 집에 들어가자마자 따끈하고 고소한 치킨을 먹을 수 있게 말이다. '문 앞에 두고 문자 주세요!' 배달정보란에 이렇게 적은 후 모처럼 '혼닭'을 즐길 생각에 마음이 부풀었다. 엄마는 회식이고 할머니는 친구네 가셨고 또 아빠는 늘 늦으시니 호젓하고 즐겁게 지낼 수 있으리라 믿었다.

집으로 가는 골목길이 유난히 길게 느껴졌다. 경사진 언덕을 올라가다 숨이 차서 헉헉댔다. 운동 부족인가 잠깐 반성했지만, 원인은 피곤이라고 결론 내렸다. 경영지원팀은 경리업무에다 온갖 잡무까지 도맡아 하는 곳이다. 회사에 가면 여기저기서 나를 호출한다. 기민한 대처 능력과 뛰어난 아이디어가 필요하지 않은 곳이 있을까? 회사 사람들은 눈치 빠르고 일을 잘한다고 감탄하지만 나는 그게 왜? 어째서? 라고 되묻고 싶다. 당신들은 어떻게 그렇게 둔할 수 있냐고 말이다. 조금만 주의를 두면 사람들이 필요로 하는 것과 좋아하는 게 바로 보이지 않는가! 그걸 채워주면 되는 것을 어리바리하게 굴다가 야단을 맞는 동료들을 보면 갑갑하기 그지없다.

문제는 인정과 칭찬을 한 몸에 받지만 남보다 일을 두세 배 한다는 것이다. 아빠는 그런 나를 보고 "부지런한 새가 벌레를 많이 잡는 법이지."라고 하셨다. 그 말은 앞으로도 쭉 이렇게 하라는 뜻이다. 나는 아빠와 하이파이브를 하며 힘을 냈다. 사랑과 관심은 나를 움직이게 하는 에너지원이다. 치킨과 맥주도!

집에 도착해 현관문을 여는 순간 기분이 서늘했다. 회식이어서 늦게 오실 거라던 엄마 신발이 보였다. 내가 신고 있는 스니커즈랑 똑같은 모델이니까 한눈에 확인할 수 있다. 문득 불길한 예감이 스쳤다. 거실 방향에서 고소한 기름 냄새가 풍겨왔다. 다급한 마음에 신발을 벗는 둥 마는 둥 한걸음에 달려 들어갔다.

"이제 와? 왜 그렇게 뛰어 들어오니?"

엄마가 쯧쯧 혀를 찼다. 나는 엄마를 돌아볼 새가 없었다.

"야, 뭐야? 그거 치킨이잖아!"

동생 앞에 뼈다귀가 반 이상 쌓인 치킨 상자를 보니 비명이 저절로 나왔다.

"야, 내 것을 네가 왜 먹어?"

나는 달려들어 치킨 상자를 뒤엎었다. 뼈다귀들이 여기저기 흩어졌고 동생은 놀라 껑충 뛰며 자리를 피했다.

"그만두지 못해. 먹고 있는 걸 뒤엎으면 어떡하니."

"이거 내가 시킨 거야!"

"그래. 네가 시킨 거 알아. 근데 동생 좀 주면 안 돼?"

"내가 시킨 걸 왜 주냐고! 왜 엄마 맘대로 주는 거야?"

나는 주저앉아 울기 시작했다. 분해서 죽을 지경이었다. 엄마라고 해도 내 허락 없이 그럴 순 없는 거다. 나는 화가 머리 끝까지 나서 방문을 큰 소리 나게 닫고 걸어 잠갔다. 등 뒤에서 엄마가 뭐라고 부르는 소리가 들렸지만 못 들은 척했다. 혹시 내가 지난주에 아빠랑 데이트했다고 복수한 거 아닌가 하는 생각이 스쳤다.

불안의 원인

잠이 들었던 모양이다. 밖에서 아빠 목소리가 들렸다. 시간을 보니 11시가 좀 넘었다.

"딸, 자니?"

머리가 띵해서 몇 번 뒤척이다 간신히 일어날 수 있었다. 옅은 술 냄새가 풍겨왔다. 아빠는 빙글거리며 흰 봉투를 내밀었다. 봉투 사이로 내가 좋아하는 스콘이 보였다.

"오늘도 한바탕했다면서. 이거라도 먹고 자."

"한바탕하긴. 누가 화나게 했는데… 아, 안 먹이. 지금 먹으면 살쪄."

난 짐짓 화가 난 듯이 답을 했다.

"딸은 배고프면 화나잖아. 어서 먹어. 그 안에 우유도 들어 있어."

아빠는 재촉하듯 손을 흔들며 안방으로 들어갔다. 저런 면이 아빠의 장점이다. 말 없이 챙겨주기. 방문을 닫고 들어와 대충 클렌징을 하고 스콘을 뜯어 먹었다. 진한 버터 맛에 감탄하며 마지막 한 조각을 집어 드는데 엄마의 짜증스러운 소리가 들렸다. 가슴이 덜컥 내려앉았다. 왜 저러지? 나 때문인 걸까? 또 대출금 상환이 밀렸나? 뒤이어 아빠의 화를 억누른 듯한 낮은 목소리도 들렸다. 심장이 더 빨리 뛰었다. 나는 엄마가 아빠한테 시비를 거는 게 너무 싫다. 저러다 외할머니까지 방에서 뛰어나오실까 두렵다. 엄마랑 아빠가 다투기라도 하면 언제나 외할머니가 부부싸움에 끼어들곤 했다. 아빠는 외할머니에게 백전백패였다. 아빠가 외할머니를 상대로 싸울 순 없으니까.

불안해서 거실로 나갔다. 방문 여는 소리가 들려선지 안방 쪽 소리가 잦아들었다. 부엌으로 물을 가지러 가는 척하고서 거실을 서성거렸다. 거실 창문에 연말에 트리 모양으로 걸쳐 놓은 반짝이 줄이 이리저리 움직이며 빛을 내었다. 구정이 가까운 지금까지 반짝이 줄이 걸려 있어 을씨년스러웠다. '내일은 당장 치우리라!'

안방은 조용해졌지만 쉬이 잠이 오지 않았다. 외할머니 손을 잡고 초등학교 입학식에 가던 때가 떠오른다. 외할머니 손 잡고 학교에 온 애는 나 혼자였다. 아빠는 집에도 들어오지 않았다. 집안 공기는 무겁게 가라앉았다. 그때쯤 외할머니가 오셔서 우리를 돌봐주기 시작했다. 그래도 엄마 아빠가 없는 집은 심심했다. 겨울 방학이 시작될 무렵 외할머니가 아예 이사 와서 안방을 차지하자 아빠가 쉬이 집에 돌아오지 않을 거라는 걸 뒤늦게 알게 되었다. 그러다가 초등학교 2학년이 될 무렵에야 아빠를 만날 수 있었다. 오랜만에 아빠를 보자 정신을 잃을 정도로 기뻤다. 지금에서야 그때 내가 어떤 역할을 했었는지 정확히 안다. 양육비 주는 날이란 걸 일깨우는 역할 말이다. 당시에는 한 달에 한 번 아빠를 만났다. 아빠를 만날 때마다 모든 관심과 사랑을 독차지할 수 있어 기뻤다. 매달 마지막 주가 되면 엄마는 내게 전화기를 건네며 턱을 내밀었다. 아빠한테 전화하라는 뜻이었다. 나는 전화기를 받아서 당당하게 아빠를 찾았다.

"아빠? 나야! 이번 달은 언제 만나?"
"으음… 벌써 그렇게 됐나."
아빠 목소리는 대개 힘이 없었고 나른한 피곤함이 묻어 있었다. 화들짝 반가워하지 않으면 나는 목소리를 높였다.
"벌써 우리가 만날 때가 되었지용! 아빠, 보고 싶었어!"
내가 이렇게 말하면 아빠는 호호 웃었다. 아빠 웃음소리를 들어야 마음이 가벼워졌다.

"아빠! 아빠! 아빠! 어디서 만날까용? 지난번 햄버거집 어때요?"

"그래. 거기서 보자."

"오케이! 내일 학교 끝나고 갈게. 2시쯤 될 거야. 그 햄버거집 2층에 있을 테니 올라와!"

"그래. 버스 타고 오니? 아빠가 버스 정류장으로 나갈까?"

"그래, 그것도 좋겠어! 그럼 버스 정류장에서 봐. 버스 타면 전화할게!"

나는 전화를 끊고 의기양양하게 엄마를 올려다보았다. 그럴 때마다 엄마는 주먹으로 정수리를 꽁하고 때렸다.

"뭐야? 쪼그만한 게 재수 없어."

엄마가 뭐라고 해도 자고 나면 아빠를 만난다는 생각으로 기분은 붕붕 떠다녔다.

아빠를 만나 두어 시간이 지나면 헤어져야 했다. 언제나 너무 짧아서 아쉬웠다. 나는 눈물을 참으려고 투정을 부렸다.

"아빠는 어디서 살아? 나도 아빠 집에 가서 살면 안 돼?"

"다음에 꼭 데려갈게. 아빠는 다시 회사에 들어가서 일해야 하거든."

아빠는 토라져 있는 나를 달래며 버스 정류장으로 향했다. 때론 토라진 나를 달래려 버스가 올 때까지 업어 주기도 했다. 아빠가 업어 주면 백 퍼센트 마음이 풀렸다. 그래도 버스 정류장은 슬픈 곳이었다. 집으로 가는 버스가 오면 나는 아빠에게 재빨리 뽀뽀하고 냉큼 올라탔다. 최대한 밝은 모습을 보여줘야 했으므로 달리는 버스에서도 아빠가 보이지 않을 때까지 손 하트를 날렸다.

가족

지금 아빠는? 첫 번째 여자친구랑 살고 있다. 그동안 두 명의 여자친구와 만났다가 헤어지기를 반복하다가 옛 여친이자 첫 번째인 엄마와 재결합했다. 어느새 내 나이가 26살이나 되었다. 입사한 지 3년 차가 된 직장인이기도 하다. 나름 파란만장한 어린 시절을 보내서인지 이 나이에도 이해 못 할 일이 없다. 아빠하고는 술친구이자 연애 상담을 해주는 사이다.

앞서 두 명의 여자친구를 사귈 때의 아빠는 상당한 낭만주의자였다. 당시를 또렷이 기억한다. 이제는 잘 맞는 사람을 만난 것 같다고, 오랫동안 찾아 헤매던 사람을 만났다고 말할 때의 아빠는 내 눈을 쳐다보지 않았다. 나는 아빠를 영영 잃어버릴까 봐 가슴이 철렁 내려앉았다. 필사적으로 아빠를 붙들려고 했다. 하지만 아빠의 눈은 허공을 헤매고 있었다. 다행인 건 허공에서 정면으로 시선을 돌리는 건 3개월이면 충분했다는 것. 아빠와 남동생을 통해 알게 된 건, 남자는 열정에 빠지거나 멍하거나 둘 중 하나란 거다.

어쨌거나 아빠는 특별한 분이고 내게 잘해주신다. 그거면 됐다! 내가 원하는 노트북이나 핸드폰을 새로 사주고 일 년에 한두 번은 나와 남동생을 데리고 해외여행을 떠나곤 한다. 덕분에 나는 스페인을 제외한 유럽 여행을 맘껏 할 수 있었다. 가까운 동남아시아는 여러 번 투어를 했었고. 비행기가 하늘을 날면 아빠와 나 그리고 동생은 남루한 일상을 벗어나고 땅에는 엄마와 외할머니가 남는다.

엄마와 아빠는 딱히 실패했다고 단정짓기 어려운 부부다. 오랫동안 별거를 했었지만 우리가 있어서 완전히 단절되기는 어려웠을 테고, 적당히 서로 눈감아줄 정도로 포기한 상태로 지냈다. 그래서 재결합도 할 수 있었겠지. 하지만 문제는 아직도 엄마는 아빠를 못마땅해하며 섭섭한 마음을 품고 있다는 것이다. 아빠는 또 그런 엄마를 은근히 불편해하며 무조건 도망을 다닌다. 그래선지 둘은 아직도 은밀한 갈등 속에서 소리 없는 전쟁을 여전히 치르는 중이다.

그들의 싸움은 우리 가족의 불안과 불편의 주요 원인이다. 나는 둘의 문제를 파악해 시시비비를 가린다. 그 결과, 엄마가 압도적으로 문제라는 판결을 내리고 있다. 첫째, 엄마는 아빠한테 못되게 군다. 말할 때마다 독이 묻어 있는 것 같다. 재결합은 아빠를 괴롭히기 위해 한 게 아닌가 싶을 정도다. 둘째, 엄만 외할머니와 맨날 싸우면서 동생과 나더러는 싸우지 말란다. 외할머니가 아빠를 무시하는 듯한 잔소릴 하면 그건 싫어하면서 태연히 아빠 흉을 보는 이중적인 태도와 모순을 저지르는 무심함. 난 그게 영 마음에 들지 않는다.

마지막으로, 엄마가 아빠를 무시할 만큼 잘난 인물이 아니라는 거다. 더욱이 그 사실을 엄마가 모르고 있다는 희비극! 할머니 말로는 귀여운 얼굴이라지만 엄마는 미모의 소유자와는 아예 거리가 멀다. 더군다나 키는 작은데 얼굴은 넙데네한 축에 속한다. 내가 엄마를 닮았다면 끔찍한 재앙이었을 거다. 그렇지 않아 얼마나 다행인지 모른다.

나로서는 외할머니가 더 못마땅하다. 외할머니는 아직도 아빠를 여러모로 부족하다고 여기는 것 같다. 심지어 이렇게 시간이 흘렀는데도 엄마가 아빠를 만난 건 일생일대 실수라고 여기는 게 틀림없다. 엄마가 어릴 때 공부를 좀 잘했다는 게 그 근거이다. 아니, 아빠네 집보다 조금 더 잘 살았다는 걸로 아직도 위세를 부리고 있다.

그래서 내게 함부로 결혼하면 안 된다는 잔소리를 귀가 따가울 정도로 자주 한다. 그러니까 잘나고 돈 많은 남자랑 결혼해라, 뭐니뭐니 해도 그게 성공이다 등등. 너무 진부해서 짜증이 난다. 하지만 할머니가 새로워지는 건 있을 수 없는 일이니까, 할머니의 낡은 생각 따위는 한 귀로 들으며 흘리는 수밖에 없다. 엄마와 아빠를 보면 한 번 깨어진 독은 원상복구가 안 된다는 걸 실감한다. 그래서 어쩌다 사이가 좋을 때는 진심으로 엄마한테 농담 겸 진담을 한다.

"엄마, 왜 아빠랑 재결합했어? 아예 이혼하고 외할머니가 좋아하는 부자 남편을 찾아보지. 의사나 변호사 같은 전문가가 엄마한테 어울리지 않았을까. 아빠는 사업을 하니 부침이 심하잖아."

엄마는 작은 세무사 사무실에서 일한다. 그런 곳은 다양한 사람들이 찾아오는 곳으로 알고 있다. 뜻이 있는 곳에 길이 있다고 혹시 아는가! 애가 둘이나 딸렸어도 부자 아저씨를 만날지? 물론 나는 아빠한테 갔을 것이다. 그런 얘기를 하면 엄마는 별소리를 다 한다며 눈을 흘기며 짜증을 냈다.

"야, 쓸데없는 소리 좀 하지 마라. 아니면 너나 그런 남친을 만나든지."

나야말로 전문인을 만나기 어려운 환경이다. 주변에는 고만고만한 직장 동료들뿐이고 좀 멋진 과장님들은 죄다 결혼한 유부남이다. 미팅 어플을 통해 다양한 직업군을 만날 수도 있지만 그런 곳은 외모가 좋아야 선택될 가능성이 있다. 그렇다고 내가 자기비하형은 아니다. 오히려 처음 만난 사람들이 나를 좋아하게 할 자신이 있는 편이다. 그렇지만 미녀라고 하기에는 2%가 부족하다. 아빠 닮아서 키는 크지만, 얼굴이 동그랗고 외꺼풀에 피부도 칙칙하다. 주변에서는 괜찮다고 하지만 그건 내가 자주 웃어서 그렇지 않을까? 싹싹하고 명랑한 건 나의 장점이긴 하지만 사진 한 장으로 나를 드러내는 건 쉽지 않다.

사소한 시비

일요일은 늦잠을 자는 날이라고 생각한다. 그런데 우리 집은 그게 용납이 되지 않는다. 출근도 하지 않는데 새벽부터 일어나 왜 밥 준비를 하냔 말이다. 이유는 있다. 단란한 가족이란 모두 모여 같이 밥을 먹어야 한다는 외할머니 지론 때문이다. 그래서 오늘도 일요일인데도 눈꼽을 떼지도 않고 식탁에 앉았다. 모두들 하품을 참고 떠지지 않은 눈에 힘을 주고 국을 뜨고 있었다. 그런데 오늘따라 건너편에 앉아 밥을 먹는 엄마가 신경 쓰였다. 요즘 들어 엄마가 좀 달라졌기 때문이다. 눈에 띄는 건 안경 낀 코를 씰룩거리는 거다. 오늘 아침에는 참을 수가 없었다. 그래서 나도 모르게 불쑥 말을 꺼내고 말았다. 절대 의도가 있었던 건 아니었다. 잠이 덜 깨 신경이 날카로웠는지도 모르겠다.

"엄마 왜 코를 씰룩거려? 보기 싫어. 그만해!"

마침 장쇠도 내 편을 들었다.

"맞아. 엄마, 요즘 코를 자주 씰룩거리더라. 나도 보기 싫어."

아빠는 잠자코 있었고 할머니는 무슨 말인지 이해를 못 했던 것 같다.

"뭐라고?"

엄마 목소리가 날카로워졌다.

"거봐! 지금도 그러네. 코를 위로 씰룩거리니까 콧구멍이 같이 옴씰거리네."

그러자 아빠가 쿡쿡대며 웃었다. 그때 갑자기 탁 하는 탁자 내려치는 소리가 들렸다. 깜짝 놀라 바라보니 엄마가 젓가락을 탁자에 내리치고는 나를 노려보고 있었다. 나는 그 모습에 화들짝 놀랐다.

"버르장머리 없이 무슨 소리야?"

엄마는 붉으락푸르락했고 목소리는 떨렸다.

"왜… 화내고 그래?"

내 말이 끝나기도 전에 엄마가 거칠게 식탁을 박차고 일어나 나갔다.

"에미야…!"

할머니가 다급하게 불렀지만, 엄마는 뒤도 돌아보지 않고 방문을 닫고 들어갔다. 나는 당황하는 아빠와 남동생을 보고 별거 아니라는 듯 어깨를 움찔거리며 말했다.

"갱년기인가? 예민하네."

이유 없음

"아빠?"

"에잉. 아빠 애인 목소리를 알아차리지 못하다니 정말 섭섭하네요."

난 한껏 다정하게 아빠를 불렀다. 사실 아빠랑은 티티카카가 잘 맞기 때문에 이런 장난은 일상이었다.

"왜 전화했느냐고요? 오늘은 술 생각이 나서가 아니라 봄옷이 필요해서예요."

"엄마랑 가라고요? 아빠가 더 잘 골라주는데. 내 장점을 아빠가 더 잘 보는데 어쩌라고!"

"남자친구요? 아빠가 골라줘요!"

"하하하 알았어요! 그럼 이따 4시까지 OO백화점 앞에서 봐요! 네, 네, 네!"

식탁에서 엄마가 삐친 이후 쭉 저기압이라 집에서 지내는 시간이 편치 않아졌다. 방에 있어도 부엌에서 덜그럭거리는 소리라도 나면 안절부절못하고 있다. 요즘 할머니랑 엄마는 커피 마실 때도 나를 부르지 않는다. 모녀 둘이서만 커피를 마시며 노골적으로 내 흉을 보기도 한다. 물론 대놓고 내 이름을 거론하지는 않지만, 누구네 손녀 누구네 딸 얘기를 하면서 칭찬을 한다. 그러곤 한숨을 쉬는 걸로 은근 나를 깎아내리는 것이다.

 월차를 내놓고 나니 집에 있을 시간이 끔찍해졌다. 그래서 아빠를 소환했다. 마침 봄 외투가 필요하기도 했다. 기분전환에는 새 옷만 한 게 없다. 백화점에 들어가니 향기부터 달랐다. 나는 백화점의 포근함과 달콤한 향이 언제나 좋다. 입구에서 두리번거리다 보니 입구 에스컬레이터 앞에서 핸드폰을 들여다보고 있는 아빠가 보였다. 난 조용히 다가가 놀래주려 했으나 아빠가 먼저가 알아차리고 알은체했다.

 "왔구나."

 아빠는 보기 좋은 미소를 지었다. 아빠는 중년의 아저씨답게 배가 나오기 시작했지만, 그런대로 멋지다. 일단 옷을 잘 입는다. 오늘도 감색 트렌치코트에 버버리 체크 머플러를 하셨다. 나는 아빠 의상이 맘에 들어 팔짱을 끼고 에스컬레이터에 올랐다. 내겐 언제나 후한 아빠답게 아이보리색 봄 코트와 나라면 절대 사지 않을 블라우스와 구두까지 권했다. 나는 그 중에서 코트만 골랐다. 아빠는 잠시 망설이더니 말했다.

"엄마 옷도 골라야 하지 않을까?"

"엄마 옷을 고르면 할머니 옷도 골라야 할걸요. 그럼 복잡해져요."

"그러네…."

아빠와 나는 동시에 서로를 바라보며 어색한 미소를 지었다.

"그냥 안 살래요."

"왜?"

"불편해! 그냥 맛있는 거나 먹어요. 요즘 백화점 식당가에는 괜찮은 곳들이 많아요."

나는 고집을 부려 아빠를 끌고 식당가 일식집으로 갔다. 옷 대신 비싼 음식을 택한 것이다.

"왜 엄마랑 화해하지 않니?"

갑작스런 아빠 질문에 움찔했지만 바로 대답은 하지 않았다. 작은 접시에 형형색색의 음식이 세팅되어 나왔다. 입맛을 돋우는 음식들이지만 선뜻 먹기 아까워 사진을 찍기 시작했다. 내 표정이 밝아 보였던 걸까? 눈치 없는 아빠는 무심한 척 금기사항을 꺼낸 셈이었다. 뺨과 턱이 딱딱하게 굳는 느낌이 들었다. 아빠가 화해를 위해 말을 꺼낸 건 이번이 처음이었다.

"글쎄, 왜 그랬을까요? 엄마가 그날따라 못생기게 보이긴 했으니까요."

나는 속이 부글거려 앞에 놓인 샐러드를 뒤적거리며 심드렁하게 답을 했다. 가슴이 쓰라리며 속이 울렁거렸다.

"우리 딸, 요즘 들어 예민한 거 같더라. 엄마한테 좀 심하게 대하는 거 같아."

아빠는 헛기침을 두 번 한 뒤 농담처럼 말하려 했지만 그럴수록 소리는 낮게 깔렸다. '아이고, 부부라고 편드는 거 좀 보소.' 처음으로 아빠한테 배신감 같은 걸 느꼈다. 아빠가 집을 나가 돌아오지 않았을 때는 너무 어려 뭐가 뭔지 몰랐다. 아빠를 하염없이 기다리면서도 원망할 줄 몰랐지만, 이제는 코앞에 앉아 있는 아빠가 왠지 낯설어졌다. 내가 고개를 숙인 채 소라고둥을 들고 속살을 꺼내려 했다.

"이리 내. 아빠가 해줄게."

아빠는 손을 뻗어 내 손에 든 소라고둥을 낚아챘다. 나는 빼앗기지 않으려고 하다가 순간 황당스럽게도 눈물이 도르르 흘러나오는 걸 알았다. 너무 놀랐다. 이해할 수 없는 일이었다. 어쩌다 보니 아빠랑 눈이 마주쳤다. 아빠도 나도 당황하여 어쩔 줄 몰라 했다.

"미안하다. 밥 먹자고 하고서 불편한 이야길 꺼냈구나. 난 그저…."

아빠는 급히 티슈를 건네주셨다. 나는 대충 눈을 훔치며 손을 내저었다. 무지하게 창피했다. 이게 웬일이람.

"아니에요. 그게 아닌데… 아이 왜 이러지. 엉엉…."

의지와는 상관없이 콧물과 눈물이 쉴 새 없이 흘러내렸다. 저녁 식사 자리는 엉망이 되고 말았다. 아빠가 진정하라며 따라준 맥주 몇 잔을 마시자 나는 본격적으로 술주정 비슷한 하소연까지 시작했다.

"아빠가 집에 안 들어올 때마다 얼마나 힘들었는지 알아? 엉엉엉."

"그래그래, 아빠가 잘못했다. 너희들이 힘들었지."

"엄마도 없고, 끄억… 엉어어엉 아빠도 없고… 내 자리도 없었어."

아빠가 다독이며 집으로 데려갔을 때도 나는 소리를 지르며 울었다. 장쇠는 아빠한테 나를 넘겨받고 어리둥절한 표정이었고 할머니는 놀란 눈빛으로 나를 바라보았다. 엄마는? 이글거리는 눈빛으로 한동안 쏘아 보았던 것 같다. 나는 침대에 쓰러져 한참 울다가 잠이 들었다.

엎친 데 덮친 격

요즘은 살맛이 안 난다. 그래서 버스 정류장 근처에 작은 사주 카페에 들렀다. 그랬더니 올해가 삼재라고 하는 게 아닌가!
"삼재가 뭐죠?"
뽀글 파마머리를 하고 안경을 낀 50대 초 아줌마가 그것도 모르냐는 듯 한숨을 내쉬었다.
"9년 주기로 돌아오는 액운의 해에요. 올해는 심하게 돌아오는 삼재이니 특별히 조심하세요."
9년에 한 번, 3년 동안 지속된다니? 나쁜 운이 너무 자주 찾아오는 게 아닌가. 내 돈을 내고 나쁜 운에 대해 듣고 보니 모든 의문이 풀리긴 했다. 새로운 부서에서 내가 낙하산 발령이라고 수군대서 짜증났는데 그것도 재수에 옴이 붙어 생긴 일이었다. 믿었던 팀장님이 본인의 인사이동 때 나를 세트로 데리고 갈 때만 해도 오너십을 기를 좋은 기회로 여겼다. 그런데 주도적으로 일을 한다는 건 많은 어려움을 감내해야 한다는 것, 길 없는 길을 가는 말도 안 되는 무모함이라는 사실을 알게 된 것이다. 그래서 낙하산이라고 사람들이 수군댈 때마다 억울했다. '낙하산이 뭐 어쩌라고! 월급을 더 받지 않은

데도 일만 늘어나는 낙하산 따위 너희가 가져가라!' 매주 월요일이 되면 바보처럼 야단맞는 게 부러운 걸까? 부적응 상태로 낑낑대는 걸 외면하면서 흠만 잡는 인간들이라니!

회사에서 뭘 해야 할지 허둥대다 지쳐 돌아오면 집에서는 살얼음판을 걷는다. 엎친 데 덮친다는 건 이런 걸 두고 하는 말일 게다. 너덜거리는 몸을 끌고 들어온 집은 냉기 가득한 얼음 창고다. 물을 마셔도 목에 걸려서 컥컥거려야 간신히 내려간다. 숨을 쉬기 위해서는 제자리 뛰기를 하며 크게 숨을 들이마셔야 겨우 차가운 공기가 폐에 들어온다. 이 모든 고통 뒤에는 엄마의 냉대와 노골적인 무시가 있다.

엄마는 내가 아빠랑 술을 마시고 온 후부터 사람으로 여기지 않는다. 그래서 방에 들어가면 출근할 때까지 가능하면 방에서 나가질 않았다. 세안도 가능하면 클렌징오일로 대충 지우고 물티슈로 닦은 뒤 잠자리에 든다. 할머니만 가끔 방문을 열고 과일 접시를 넣어주며 "엄마한테 잘못했다고 안 하냐?"라고 나지막한 소리로 빠르게 말씀하시고 사라지신다. 그뿐인가. 어쩌다 할머니가 내 방에 들어와서 잠시 머물며 충고 비슷한 거라도 하려고 하면 바로 방문 밖에서 날카로운 금속성 목소리가 들려온다.

"엄마 그 방에서 뭐해? 어서 나와요! 그 애랑 말 섞을 생각 없으니까 빨리 나와요. 못된 계집애! 저딴 걸 키우느라 고생한 걸 생각하면, 어휴…."

할머니는 무언극 하시듯 손을 잡아끄시며 같이 나가자고 재촉하신다. 나가서 엄마한테 빌자는 거다. 첨엔 할머니한테 화를 내며 뿌리쳤다. 내가 뭘 사과해야 하는지 몰라서다. 엄마를 놀렸던 시간이 지나서일까. 고집을 부리는 게 아니라 이제는 진짜 뭘 사과해야 할지 모르겠다.

'심기를 상하게 해드려 소인 죽을죄를 지었나이다!' 나는 납작하게 찌그러진 오징어포 같은 내 모습을 상상하다 번쩍 두 눈을 떴다. 21세기를 살아가는 젊은이의 모습으로는 어울리지 않으니까. 그보다 엄마에게 기분 나쁜 부분을 과감하게 알려주는 게 쿨하다는 생각을 했다.

그보다 요즘 들어 놀라운 사실 하나를 발견했다. 할머니가 너무 늙으셨다는 거다. 기억하는 한 할머니는 언제나 할머니였으나(젊은 모습을 본 적이 없으므로) 분명 나보다 키가 크고 힘이 센 데다 화를 내면 호랑이 같았다. 언제나 기상이 드높았다고 생각했는데 갑자기 작아졌고 허약하게 보였다. 게다가 하는 행동이 촌스러워서 요즘에는 내가 할머니를 봐주는 편이다. 오늘도 나는 걱정하지 말라는 듯이 웃으면서 할머니 등을 토닥거렸다. 자꾸 조르는 아이 같은 할머니를 꼭 안고 있자니 눈물이 조금 맺히기도 했다. 그래서 황급히 할머니를 내보내고 방문을 굳게 닫았다. 뭔가 조치가 필요하다는 생각이 스쳤다. 이제 내게 엄마라는 말은 의미 없는 호칭일 뿐이니까.

그래도 노력은 한다

새벽에 방문을 두드리는 소리에 놀라 일어났더니 김이 모락모락하는 소반이 방안에 쑥 들어왔다. 할머니는 눈짓으로 인사하더니 손을 입에 대고 밥을 뜨는 시늉을 했다. 좀 불편했지만 고개를 끄덕여 할머니께 감사 인사를 보냈다. 엄마와 냉전이 시작된 후 집에서 거의 밥을 먹지 않았다. 그런 내게 할머니는 전염병 환자나 독방에 갇힌 죄인에게 밥 배달하듯 소반에 밥을 차려다 주신다. 식탁에 차려주면 될 것을 왜 작은 밥상에서 혼자 밥을 먹게 하는지 이해할 수 없다.

혼자 쪼그리고 앉아서 밥을 먹는 기분이 얼마나 더러운지

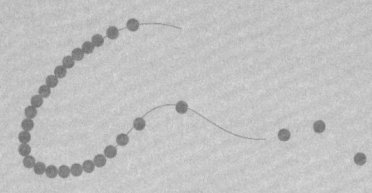

황급히 할머니를 내보내고 방문을 굳게 닫았다.
뭔가 조치가 필요하다는 생각이 스쳤다.
이제 내게 엄마라는 말은 의미 없는 호칭일 뿐이니까.

모르고 하신 일이니까 참는 거다. 손녀를 생각하는 마음 때문이라도 화를 참을 수는 있지만 그렇다 해도 밥을 제대로 먹을 수는 없었다. 나갈 준비를 하면서 소반을 얼핏 보니 식어가는 밥 위에 작은 버터 조각이 올려져 있었다. 역시 작은 종지에 담긴 김치와 된장국, 장조림과 계란말이도 보였다. 갑자기 뱃속이 이상했다. 물끄러미 밥상을 바라보았다. 머릿속이 뒤죽박죽되었다. 버터를 올린 뜨거운 쌀밥은 어릴 때부터 내가 가장 좋아하는 밥이었다.

이 모든 상황이 곤혹스러워졌다. 누구도 원망할 수 없지만 모두가 원망스럽기도 했다. 한때는 아빠가 내게 잘 대해 주셨고 이제는 할머니가 가엽게 여겨주지만 나는 늘 한편에 팽개쳐진 채 잊힌 존재였다. 부모님 사랑을 느낄 수 없다는 게 놀라웠다. 애를 써야 관심을 받을 수 있었고, 상대에게 기쁨을 주어야 사랑을 받을 수 있었다는 사실이 비참했다. 엄마의 사랑은? 기대한 적도 없었다!

밖으로 나오니 쌀쌀한 공기가 먼저 뺨에 닿았다. 매운맛이 있긴 해도 확실히 며칠 전과 달랐다. 포근한 기운이 여기저기 숨어 있다. 햇볕을 쬐자 기분이 나아졌다. 집을 나설 때 등 뒤가 따가웠지만 장쇠가 어색하지 않게 말을 걸어줘서 무사히 나올 수 있었다. 그 녀석은 요즘 살판났다. 쪼그라든 나 때문에 다들 장쇠에게 너그럽게 대해서 그런지 그 녀석은 요즘 들어 목소리가 커졌다. 권력이 수시로 이동하듯 가족관계에서도 힘은 이동한다. 중세 유럽풍의 육중한 카페 문을 열고 들어서자 넓은 강당 같은 실내 안쪽 끝에 앉아 있던 친구가 손을 흔들었다.

"여기 괜찮다. 언제 생긴 카페지?"

"꽤 됐어. 이 동네 사는 네가 몰랐다고?"

"동네 사람이 더 몰라. 요즘 맘이 심란해서 그런 것도 있고."

"무슨 일이 있어?"

회사 동기지만 집안 사정 같은 사적인 이야기를 한 적은 없었다. 오늘은 답답한 김에 말이 술술 나왔다.

"원래 엄마랑 사이가 나빠."

친구는 눈을 덮은 앞머리를 쓸어올리며 한숨을 내쉬었다.

"너도 그렇구나. 나도 엄마랑 사이가 별로야."

"너도 그래? 너는 왜?"

"우리 엄마는 언니밖에 몰라. 나는 아무리 애를 써도 언니가 한 번 하는 것만 못하거든."

"그렇구나. 나도 남동생이 있어서 차별이 있긴 하지만 그보다는 근본적인 거야."

"근본적인 게 뭔데?"

친구는 바짝 다가앉으며 물었다.

"일단 커피 마시자. 넌 뭘 먹을래?"

디저트가 맛있는 집이라고 해서 커피 두 잔과 애플크럼블이랑 휘낭시에 두 개를 사 왔다.

"왜 이렇게 많이 사 온 거야?"

친구는 눈이 휘둥그레지며 말했다.

"여태 아무것도 못 먹었거든. 이거 먹고 덮밥 먹으러 가자."

"그럼 아예 밥을 먹자고 하지. 그런데 왜?"

말없이 크럼블과 커피를 동시에 맛보았다. 친구는 잘 알겠다는 듯이 고개를 끄덕거렸다.

"아까 하던 이야기를 해봐. 엄마한테 야단맞은 거야?"

같은 해에 입사한 동기이고 또래지만 언니 같은 면이 있는 친구다. 그래선지 하소연 들어주기와 위로 담당이다.

"글쎄, 야단을 맞았으면 명확했을 텐데 그게 아니야. 늘 어긋나고 부딪치는데 요즘엔 아예 말을 안 해. 엄마랑 나는 안 맞아. 좋아하지 않고 그냥 그래. 어릴 때부터 나는 엄마가 엄마처럼 느껴지지 않았어. 어른스럽지 않았거든."

"그게 뭐야? 어른스럽지 않다고? 어릴 때부터 그런 되바라진 생각을 했어?"

친구는 의아하다는 듯 물었다.

"응. 너는 가끔 엄마가 창피하거나 한심할 때 없었니?"

"뭔지 알아. 근데 나는 고등학교쯤 알았어. 그것도 나중에서야. 그때 우리 엄마는 왜 그랬을까 그런 거 있잖아."

"나는 그게 초등학교 2학년, 아니 1학년 때부터였던 거 같아."

진짜다. 나는 초등학교 1학년 때 엄마에게 크게 실망했다. 아빠가 집에 들어오지 않았을 때였다. 집안 공기가 이상하고 쓸쓸해서 눈치만 보았을 때였다. 동생과 나는 밥도 조용히 먹었고 놀 때도 조용히 놀아야 했다. 착한 아이가 되지 않으면 안 되었기에. 그래야 엄마가 슬프지 않고 아빠가 집에 빨리 돌아오신다고 할머니가 말씀하셨다.

초등학교 들어가서 처음으로 맞이한 어버이날에는 엄마를 위로하고 싶었다. 나는 아빠를 마지막 봤을 때 받은 지폐로 엄마가 좋아할 만한 선물을 고르느라 고심했다. 꼬맹이가 뭘 알겠는가! 결국 나무를 꽃 모양으로 깎아 만든 브로치를 고르고 예쁘게 포장해 달라고 당부했다. 전 재산을 털어 한달음에 달려갔지만 엄마의 반응은 실망스러웠다. 브로치를 꺼내 보더니 말없이 방구석에 밀어두었다. 며칠 뒤 쓰레기통에서 브로치를 발견했다. 그 뒤로는 다시는 선물 따위 하지 않았다.

"나는 어린이날 선물도 못 받았다고… 엄마가 속상할까 봐 그 말을 꺼내지도 않았어."

"어릴 때는 어른스러웠네. 차라리 독립하지 그러니."

커피잔을 내려놓으며 친구가 말했다.

"뭐라고? 독립?"

머리가 띵했다. 독립이라고?

"이제 그럴 때도 되었잖아? 가족이란 굴레에서 벗어나서 자유롭게 살아봐!"

독립이라니! 한 번도 생각해보지 못한 일이다.

"그동안 네가 엄마랑 싸운 이야길 했던 게 한두 번이 아니야. 너는 입으론 불평해도 가족한테 엄청나게 의존하는 것 같더라. 취직해서 첫 월급 받고 할머니랑 엄마한테 가방 사드렸잖아. 아빠한테는 또 어떻게 했는데. 그런 딸이 어디 있니?"

"내가?"

"그래, 그만 좀 해! 너도 좀 있으면 20대 후반이야."

친구는 눈을 흘기며 남은 애플 클럼블 조각을 냉큼 해치웠다.

피장파장

서운한 마음과 알 수 없는 설움이 잦아든 차분한 상태였다. 현관에 들어설 때까지 그랬다. 친구를 만나고 독립을 떠올릴 때만 해도 머리가 맑았다. 그러나 문을 열자 들려오는 들뜬 엄마와 할머니 목소리, 아빠의 웃음소리, 동생의 빠른 목소리가 가슴을 쳤다. 소리는 비수처럼 가슴을 후비고 들어왔다.

"누구야?"

현관문을 열고 들어올 수 있는 사람이 누군지 몰라서 묻는 걸까? 게다가 감정이 느껴지지 않는 금속성 한 마디에 부아가 났다. 뒤이어 아빠와 할머니 얼굴이 보였다. 두 분의 얼굴이 보이자 바로 고개를 돌렸다. 물론 약간 고개를 숙이는 척 하면서 말이다. 하지만 내가 생각해도 세상에서 가장 차가운 표정을 지었던 것 같다. 내 마음이 그랬으니까. 그리고 곧장

현관 옆 내 방으로 들어가서 언제나처럼 방문을 잠갔다. 다른 날과 달리 아빠가 방문을 두드리며 시끄럽게 했다.

"문 좀 열어라."

"관둬요! 버르장머리 좀 고쳐야지. 나이가 몇인데 저래. 지가 사춘기야 뭐야."

정말 적응이 안 되는 엄마의 퉁명스러운 목소리가 뒤를 이었다. 문을 열어주려다가 엄마 때문에 짜증이 나서 관두기로 했다. 아빠가 다시 문을 두드렸다. 이번에는 좀 더 세게 말이다. 갑자기 겁이 났다. 문을 잠그고 있는 이 상황이 견딜 수 없이 무서웠다. 여행용 가방을 꺼내 아무거나 쓸어 담기 시작했다. 그래봤자 옷 몇 가지랑 화장품 몇 가지뿐이다. 어쨌거나 이 집을 빨리 탈출하자는 생각뿐이었다. 그때 열쇠 돌리는 소리가 들리면서 문이 열렸다. 아빠의 분노에 찬 얼굴이 눈앞이 번쩍거렸다. 순간 내가 울부짖었고 할머니가 나를 감싸 안고 아빠한테 나가라고 야단쳤다. 그러곤 눈물을 쏟아냈다.

"왜 그렇게 고집이 세냐. 누굴 닮아서 그래."

할머니가 나를 안고 달랬다.

"내가 무슨 고집이 세. 잘못한 게 없으니까 그렇지."

"엄마한테 잘못했다고 한마디만 했으면 조용하게 끝났을

거 아니야."

"내가 뭘 잘못했는데?"

"아직도 몰라? 네가 사사건건 엄마한테 대들고 무시하고 한 거 몰라?"

"내가 언제?"

사실 말을 하면서도 좀 걸리긴 했다. 평소 아빠는 존중했지만 엄마에게는 함부로 대했다. 하지만 엄마도 마찬가지였다. 그동안 의젓한 모습, 어른스러운 모습을 보여준 적이 한 번도 없었다. 이제는 아빠도 마찬가지다. 엄마 편에 서서 나를 나무라다 못해 손찌검까지 했다. 이 집에서 내 자리는 없다는 것을 다시 한번 확인했다. 그렇다면 이곳은 내 집이 아니다.

난리굿

"뭐라고? 집을 나간다고?"

할머니가 멍하게 물었다. 마치 외국어를 듣고 이해를 못 한 것 같았다. 엄마는 당황했는지 얼굴이 빨개졌다. 알아들었다는 거다.

"네! 내일이라도 나갈 수 있어요."

나는 할머니를 바라보며 말했다. 사실은 엄마한테 말한 거였다. 엄마는 나를 쳐다보지 않으셨다. 대신 말문이 막히는지 물컵을 들었다 놓았다 했다.

"할머니, 요즘에는 돈을 벌기 시작하면 독립을 해. 그게 추세라고. 회사 근처 원룸을 봤는데 깔끔하더라고. 회사 출근 5분 전까지 잘 수도 있어."

우선 할머니부터 안심시켜드려야 했다. 너무 놀라셔서 보기에 딱했다.

"네가 그렇게 나올 줄 몰랐다. 보자 보자 하니 이제는 아예 막 나가?"

엄마의 으르렁대는 소리였다. 이번에는 내가 놀라 말문이 막혔다. 이 엄마가 미쳤나 싶었다.

엄마 얼굴은 시뻘겋게 달아올라서 눈 뜨고 보기 어려웠다. 입에서는 가시가 쏟아져나오기 시작했다.

"할머니랑 아빠가 말려서 그냥 넘어가려고 했더니 뭣이 어째? 집을 나가? 너 눈에 뵈는 게 없지?"

엄마는 식탁 너머로 손을 뻗쳐 내 머리카락을 움켜쥐려 했다. 할머니가 말려서 간신히 빠져나올 수 있었다. 매스컴에서 보던 가정폭력 희생자가 바로 나라니 어이가 없었다.

"너 이리 안 와? 너 죽고 나 죽자. 어쩌자고 저런 게 태어나서 내 속을 썩이네!"

"네가 에미 앞에서 못 할 말이 없구나."

이번에는 할머니가 소리쳤다.

"야, 넌 또 왜 그래? 나이는 헛먹었어?"

장쇠까지 방에서 튀어나와 소리를 질렀다.

"어쭈! 누나한테 너가 뭐야? 엄마가 무시하니 너까지 내가 우습게 보여?"

부엌에선 엄마랑 할머니가 싸우고 거실에선 남동생과 내가 입에 거품을 물고 삿대질을 했다. 애꿎은 거실 방석이 터지고 부엌 의자가 내던져졌다. 부엌 바닥엔 깨지는 소리가 온 집안에 울렸다. 의자 다리가 덜렁거리는 걸 보면서 공포감이 몰려왔다. 엉망이 된 거실을 바라보던 할머니가 갑자기 주저앉아 통곡했다. 덩달아 엄마도 할머니 옆에서 아이처럼 엉엉 울기 시작했다. 장쇠는? 나에게 물어뜯긴 왼쪽 팔 상처를 쓸어내면서 할머니랑 엄마에게 다가가더니 두 사람에게 마구 안긴다. 나만 제외하고 서로 붙들고 토닥거리는 화해 비슷한 분위기가 조성되었다.

그때 벌쭘해 있던 나를 할머니가 부르며 이리 오라고 손짓을 했다. 하는 수 없이 다가갔더니 할머니는 엄마와 나를 각각 오른편과 왼편에 끌어안고 토닥거리시며 훌쩍거리셨다. 할머니 오른쪽 어깨 아래서 울던 엄마가 슬그머니 손을 뻗어 내 손을 잡았다. 민망해서 죽을 것 같아 손을 빼고 싶었지만 참을 수밖에 없었다. 인생은 코미디! 지겨운 비극과 희극의 콜라보다. 하지만 때로는 말이 필요 없을 때가 있다는 사실을 알았다. 괴롭긴 하지만 와장창 깨부수며 살풀이를 하는 게 가장 빠른 해결일 수 있다는 것. 하지만 엄마, 자주 하진 말자! 이 무슨 모양 빠지는 일이냐고!

심술

"그래, 보증금은 어쩌려고. 다달이 월세는 공돈이 날아가는 거잖아."

한바탕 소란이 끝난 뒤 나의 독립이 결정되자 할머니는 돈 걱정을 했다.

"월세는 교통비보다 조금 더 나오니까 감당할 수 있을 거야. 보증금은 아빠가 도와줬어요."

"그래, 알았다. 에미야, 너무 속상해하지 마라."

할머니가 포기하신 것 같았다. 엄마를 위로하기 시작했으니까. 할머니가 엄마에게 주의를 돌리자 나도 비로소 엄마를 똑바로 쳐다볼 수 있었다.

"엄마, 그동안 속상하게 해서 미안해."

처음으로 엄마에게 미안하다고 말했다. 말이란 무언가를 결정짓게 하는 힘이 있는 것 같다. 혹시 어릴 때부터 말의 힘을 막연하게 느꼈던 건 아닐까? 그래서 미안하다는 말을 꺼내지 못했던 걸까? 말을 하고 나니 진짜 엄마에게 미안한 것 같았다. 이어서 가슴이 뭉클해졌다. 나 스스로가 대견했다. 어른스러움이란 이런 거라는 감동이 밀려왔다고 할까. 그런데도 엄마는 고개를 돌린 채 나를 쳐다보지 않았다. 이번에는 확실히 내가 엄마한테 이긴 것 같다. 내가 엄마한테 생애 최초로 미안하다고 했는데도 나를 포용하지 못하고 있음을 모두에게 보여주고 있으니까.

"독립한다니 부럽네. 나는 언제 나가나?"

눈치 없는 동생이 끼어들었다.

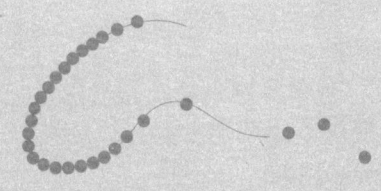

인생은 코미디!
지겨운 비극과 희극의 콜라보다.
하지만 때로는 말이 필요 없을 때가 있다는
사실을 알았다.

"에구, 철딱서니 없는 것!"

할머니는 지금 바로 동생이 나가는 것처럼 펄쩍 뛰었다. 엄마도 놀랐는지 동생을 바라보았다.

"그래, 알았다. 집 구하러 다니느라 많이 힘들었겠다. 들어가서 쉬어."

할머니가 마무리를 짓자 기다렸다는 듯 물러나 방으로 들어왔다. 침대에 누워 인스타에서 봄 직한 흰 레이스 커튼이 늘어진 멋진 방을 떠올렸다. 친구들을 불러 밤새워 노는 것도 그려보았다. 처음에는 재미있었지만 시간이 지나자 별로 흥이 나지 않았다. 기분이 이상했다. 잠이 오지 않아서 본격적으로 이사할 원룸의 인테리어를 구상해보았다. 그런데 아무리 생각해도 예쁜 그림이 떠오르지 않았다. 그곳은 현관문을 열면 바로 방이 보이는 구조라 사무실처럼 보인다. 게다가 화장실은 너무 비좁고 싱크대는 싸구려 자재에 낡았다. 아뿔싸! 서너 평 남짓한 낡고 삭막한 원룸이었다는 사실. '현타'가 왔다.

내 방을 둘러보았다. 추억이 차곡차곡 쌓여 있는 아담하고 예쁜 방이었다. 결국 왜 집을 나가나 하는 생각으로 옮겨졌다. 어릴 때부터 심심하고 외로워서 힘들었는데 다시 또 거지 같은 방에서 혼자 슬프게 산다고? 그건 아닌 것 같다. 게다가 나만 빼놓고 할머니랑 엄마 아빠 장쇠가 희희낙락 즐겁게 지내는 모습을 떠올리니 분한 생각마저 생겨났다. 골치 아픈 문제들이 생기겠지만 계약해지를 검토해봐야겠다고 마음먹고 나니 마음이 좀 편해졌다. 상황은 늘 바뀌기 마련이다. 상황에 따라 마음이 바뀌는 것도 당연한 거고. 나는 몸을 새우처럼 구부렸다. 어린아이처럼 동그랗게 몸을 말고 나니 이불 속이 따뜻해졌다.

반전

아침에 일어나 보니 내가 좋아하는 미역국이 차려져 있었다. 어젯밤 결심한 독립철회에 대한 말을 꺼내야 하는데, 미역국이라니 당황스러웠다.
"어, 미역국이네. 오늘 누구 생일인가?"
아빠가 눈치 없게 반가워하며 자리에 앉았다.
"아이고, 하나밖에 없는 따님이 제일 좋아하잖아요. 당신은 딸을 세상에서 제일 예뻐하면서도 여태 몰랐어요?"
엄마는 곱게 눈을 흘기며 아빠에게 국그릇을 내밀었다. 나는 저 부부가 왜 저러나 싶어 속이 오글거렸다. 내가 집을 나간다니 축하라도 하는 거냐는 꼬인 생각마저 들었다. 하지만 화목한 가족은 원래 이래야 하는 법이라며 마음을 고쳐먹었다. 또 근래에는 할머니 대신 엄마가 요리한다는 사실을 떠올렸다. 게다가 할머니 음식보다 엄마 음식이 입에 잘 맞으니까 다행이었다. 나는 국그릇을 두 손으로 감싸들고 조금씩 들이마셨다. 미역국은 이렇게 먹어야 뱃속부터 따뜻함이 차오른다. 뱃속이 든든해야 어젯밤 결심을 선포할 수 있다.

"사약 먹냐? 뜨거운 국을 그렇게 마셔?"

동생이 피식거렸다.

"누나는 늘 저렇게 마시잖아. 뭘 새삼스럽게 그래. 어서 앉기나 해."

나 대신 엄마가 답을 했다. 설마 내가 나간다고 하니 새삼스럽게 나를 가족의 중심에 두는 건가? 엄마의 배려가 편하지 않았다.

"짐은 가져가지 마라. 엄마가 나중에 갖다 줄게. 네가 좋아하는 가구 먼저 들여놓고 나중에 필요한 것만 가져 가."

엄마가 갖다 준다고? 비오는 날에 우산도 챙겨주지 않던 엄마가 말이다.

"그래라. 옷가지만 챙김 되지. 새집에는 새 가구를 들여라."
할머니가 내 손을 쓰다듬으며 말했다. 할머니까지 이런 말을 할 줄 몰랐다. 초등학교 때 쓰던 침대가 멀쩡한데 왜 바꾸냐고 잔소리한 분 아닌가. 손이 떨리고 가슴이 쿵쾅거렸다. 모두 나를 다정하게 떠나보내려 애쓰고 있다. 한편으론 이제 집을 떠나 혼자 살아야 한다고 선고하는 것 같았다.

이 집에서 나가지 않겠다고 말해야 하는데 틈이 보이지 않았다. 하는 수 없이 분위기를 살필 틈도 없이 불쑥 말을 꺼내 버렸다.
"엄마, 나 할 말이 있어!"
"왜 그러는데?"
엄마와 아빠가 동시에 의아한 얼굴을 했다.
"있잖아, 어젯밤에 고민했는데…."
"왜 그러냐? 네가 그러면 가슴이 쿵쾅거린다. 또 무슨 일이 있는 거야?"
할머니의 초조해하는 감정이 보인다. 나는 심호흡을 크게 했다. 에라 모르겠다!
"나 안 나갈래."

"응? 뭐라고?"

모두 동시에 소리쳤다.

"독립이고 뭐고 안 한다고!"

나는 또박또박 다시 말하고 벌떡 일어났다. 그때 엄마가 식탁을 돌아서 빠른 걸음으로 내게 달려왔다. 그래, 혼나도 싸지! 한 대 얻어맞아도 할 말이 없어. 나는 두 눈을 질끈 감았다. 그런데 이게 뭐람. 남사스럽게 엄마가 나를 꼭 끌어안지 않는가.

"잘 생각했어! 나도 어젯밤에 한숨도 못 잤다. 너를 어떻게 혼자 내보내니."

엄마의 울음 섞인 말에 나도 눈물이 찔끔 나왔다. 문득 아빠를 보니 한 손으로 엄지를 곧추세우며 윙크를 하시는 게 보였다. 쳇! 쳇!

내게 필요 없는 엄마

Part 4 동화

엄마의 이름으로
산다는 것은

"
엄마의 사랑은

은밀한 권력이기도 하다.
"

*

낯선 만남

모처럼 비가 쏟아지는 아침이다. 올겨울에는 눈이 찔끔 두어 번 내리더니 내내 건조한 바람만 불었다.

"사람들 가슴이 메말라서 날씨마저 메마른 거 아닐까?"

나이가 들더니 살이 올라 턱이 둥그러진 마리가 특유의 떨리고 빠른 목소리로 말했다. 고등학교 때 모습을 기억하는 나로서는 그런 그녀가 낯설 때가 있다. 십대 소녀일 때의 그녀는 지금보다 포근하고 재미있는 친구였다. 또래 친구답지 않은 넉넉한 마음 씀씀이 때문에 마리 옆에 있으면 무엇이든 풍성했다. 간식거리가 늘 풍성했고 이야깃거리가 풍부해 마리 옆에는 온갖 친구들이 몰려들었다.

죽고 못 살던 친구 사이도 각자 다른 대학에 들어가자 만나는 횟수가 뜸해졌다. 그러다 앞서거니 뒤서거니 취직하고 일하다 보니 어느덧 연락이 뜸해지고 말았다. 내가 워낙 무심한 편인 데다 일 중심으로 생활하다 보니 마리와의 연락이 뚝 끊어지고 말았다. 십오륙 만에 우연히 마리를 만난 건 우습게도 종합병원 대기실에서였다. 나는 고질적인 허리 디스크 시술 때문이었고 마리는 어머니의 무릎 수술 때문이었다. 우리는 시간을 뛰어넘을 만큼 반가워했다. 그런데 다시 만난 마리는 예전과 조금 달라져 있었다. 여전히 재치가 있고 자신보다 상대를 더 배려했지만, 어떤 이유인지 모르겠지만 예전보다 말이 빨라진 만큼 불안이 깔려 있었다.

"사람들의 심성과 세상이 연결되어 있다는 거야?"

나는 아직도 마리가 소녀 취향에서 벗어나지 못했다고 생각하며 답을 했다.

"예전에 가뭄이 들거나 흉년이 심해지면 왕들이 속죄하는 의례가 있지 않았어? 같은 맥락인 거지. 사람들의 심성에 세상이 반응한다는 거야."

그런 장면을 드라마에서 본 것 같았다. 하지만 좀 현실감이 없다는 생각이 다시 들었다.

"그래. 동양 철학에서는 인간이 소우주고 세상이 대우주니까 연결되었다고 하지. 넌 역시 진지하네."

태평하고 착한 아이가 진지하고 예민한 아줌마가 되어 버렸다. 문득 그동안 이 친구가 어떤 삶을 살았는지 궁금해졌다. 내가 보인 관심 탓이었을까? 아니면 병가로 인해 당분간 백수가 되었단 걸 뒤늦게나마 알아서였을까? 우연한 만남 이후 매일 아침 마리의 문자로 하루를 시작하게 되었다.

마리: **단무지!** 잘 잤어? 오늘 하루도 힘들 거 같아. 아침 일찍 엄마한테 전화가 왔거든. 엄마랑 통화하면 시간이 훌쩍 지나고 말아. 게다가 엄마의 푸념과 잔소리는 사람을 지치게 하지. 아침에 남편 출근시키고 나서 아이들, 그러니까 나랑 같이 살고 있는 '냥이들' 화장실 치워주고 양치 시키기도 전에 엄마 전화가 왔어. 전화를 받자마자 혀가 말린 양 숨을 가쁘게 몰아쉬시더라. 이렇게 춥고 건조한 바람이 불면 작년에 무릎 수술하신 부위가 더 아프시니까 짜증을 참는 소리야. 엄마는 내게 폐를 끼치지 않으려고 노력한다는 티를 내시곤 해. 나는 다 알면서도 모르는 척하고 이렇게 말했어.

"엄마, 왜 그러세요? 몸이 안 좋은 거야?"

"맨날 그렇지 뭐. 죽지 못해 사는 거라 내 팔자가 왜 이런지 모르겠다. 같은 수술을 해도 다들 잘 걸어 다니던데 나만 이러네."

엄마가 항상 하는 말이야. 나만 재수가 없어, 나만 왜 이런 일을 당해야 하니 등의 일련의 시리즈가 있어. 엄마의 레퍼토리가 시작되자 오전에 급히 해결해야 하는 일들이 떠올랐어. 내가 전에 다니던 회사 일들을 조금씩 하는 거 알지? 남대문 시장에 가서 액세서리 견본을 전달해줘야 하고 견적서도 보내줘야 해.

약간 긴 문자였다. 이렇게까지 세세히 자신의 일과를 알리는 이유를 이해하기 힘들었지만 내가 오랜 회사 생활로 감정이 메말라서 동네 친구끼리 대화하는 방법을 잊은 거로 여겼다. 게다가 나는 오랜 친구와 친하게 지내고 싶었다.

나: 어머, 힘들겠다. 정말 바쁘네. 그런데 엄마 기분이 나빠서 어떡하니?

마리: 기분 나빠 하셔도 어쩌겠니. 다들 나이가 든다는 건 몸

이 조금씩 무너져내리는 거야. 네가 알듯이 엄마가 짜증을 내도 아이 달래듯 할 수밖에 없어. 다들 나이가 들면 아이가 된다고 하잖아.

나: 넌 정말 착하다. 나 같으면 알면서도 엄마한테 짜증을 냈을 거야.

마리: 우리도 나이가 들면 몸이 아프다고 서러워하겠지. 모두 순서대로 가는 길이잖아. 그런데 엄마의 얘기는 맨날 똑같아. 하던 이야길 또 하고 또 하시거든. 오늘도 예외 없이 돌아가신 아버지 원망 타령이 시작되었어. 수백 수천 번은 족히 들었던 순서대로 녹음기 재생 키를 누른 것 같아. 아빠에게 시집와서 고생했던 얘기로 시작해서 시어머니에게 당한 시집살이로 이어지는 그 구구한 사연 알지?

나: 엄마들은 왜 그렇게 하던 말을 또 하는지 모르겠더라. 그래서 어떻게 엄마를 달랬니?

이렇게 문자를 보내면서 나는 슬슬 지겨워졌다. 미안하지만 친구야, 본론을 말해줄래?

마리: 쉽게 끝나지 않겠다는 느낌이 들어서 엄마를 꼬셨어.

나: 응? 어떻게?

마리: 딸기 뷔페가 끝물이잖아. 그래서 애프터눈 티를 마시러 가자고 했지.

나: 딸기 뷔페? 애프터눈티? 그게 뭐야?

정말 몰라서 물었다. 해마다 새해가 되면 일류 호텔에서 딸기 뷔페가 시작된다는 홍보 이미지를 본 적이 있지만, 나랑 상관없는 먼 나라 이야기로 알았다. 이후 마리에게서 딸기 뷔페의 멋진 광경을 세세히 들은 후에야 문자를 끝낼 수 있었다. 어안이 벙벙했다. 그래서 무슨 이야길 하고 싶었던 건데? 이유는 끝내 알아내지 못했지만, 마리의 꿈꾸는 듯한 마지막 멘트가 귀에서 맴돌았다.

"그날 겨울딸기 축제는 사치의 끝판이었어. 호텔에 들어서자 깊은 숲속 어딘가 흰 눈 속 붉은 딸기들이 지천에 깔려 있는 걸 표현했더라. 이보다 더 황홀한 기분이 들게 하는 게 또 있을까? 엄마도 환상적인 풍경에 푹 빠진 듯 소녀처럼 기뻐하셨어. 나는 엄마의 기뻐하는 얼굴을 보며 모든 근심 걱정을 잊었어. 딸기 뷔페값이 한 달 식비와 같다는 사실도 까맣게 잊은 채 말이야."

사연들

마리의 문자가 어느 날 툭 끊어졌다. 매일 아침 9시가 되면 "굿모닝!" 하며 웃는 이모티콘과 함께 전달되던 문자가 사라지니 한편으로는 시원했다. 하지만 또 한편으론 서운했다. 이게 나의 큰 문제다. 사람이 곁에 있으면 귀찮고 사람이 없으면 외로움이란 병이 도지는 거.

나: 안녕. 별일 없니? 한결 따뜻해진 거 같아. 커피 내리면서 너한테 안부 전해!

참다못해 내가 먼저 문자를 보냈다. 하지만 마리는 내 문자를 읽지 않았다. 그러다가 이삼 일이 지나고서야 긴 문자가 왔다. 문자 내용이 굉장히 일방적이라 어안이 벙벙했다. 전혀 나를 고려하지 않은 독백 같은 글들이었다.

마리: **해피 단무지!** 아직도 매서운 바람이 불어. 어느새 3월이 되었지만, 여전히 봄기운은 멀리 있는 것 같아. 새벽 6시. 아직 캄캄할 시간이잖아. 오늘 아침에는 정말 나가기 싫더라. 하지만 빈 그릇 앞에서 망부석처럼 앉아 있을 애들을 떠올리

니 걱정이 앞서 벌떡 일어나게 되더라고. 아파트 동과 동 사이를 잇는 산책로를 따라가면서 가로등이 더 많으면 좋겠다는 생각이 들었어. 아이들에게는 가로등이 없는 게 오히려 안전하겠지만 말이야. 그늘진 샛길 앞에서는 늘 주춤거리게 돼. 심호흡을 한 뒤 빠른 걸음으로 걷기 시작했어. 혹여 누군가를 만나면 먼저 큰 소리로 인사를 하겠다는 계획이었거든.

　내가 관리하는 길고양이 밥터는 5개 정도니까 30분 이내 끝낼 수 있기도 하고. 그래서 건물 사이에 비밀 아지트처럼 숨겨둔 고양이 밥터를 찾아갔어. 먼저 물그릇에 깨끗한 물을 채웠어. 그리고 사료 그릇에 남은 양을 확인한 뒤 가져온 사료를 부어줬어. 가득 채우진 않았어. 아까운 사료가 산패하면 안 되잖아. 매일 신선한 사료를 주는 게 최선이거든.

　지나가는 사람들의 따가운 시선을 느끼지 않으려면 새벽이 제일 좋아. 가끔은 왜 고양이를 알게 되어 이 고생인가 싶기도 해. 이런 일로 사람들과 언쟁이라도 하게 되면 내가 뭐하고 있는 건가 싶어. 그래도 어쩌니. 내가 좀 고생하면 길거리 생명을 하나라도 살릴 수 있잖아. 그것만으로도 의미 있다고 생각해.

　남편은 도와주지도 않으면서 잔소리만 한단다. 허리도 아픈

데 무거운 생수병이랑 2킬로 넘는 사료를 들고 다니면 어쩌 냐고 말이야. 하지만 고양이들이 밥을 먹은 흔적을 보면 모든 근심 걱정이 사라져. 롤플레잉 게임에서 퀘스트를 하는 기분이라면 이해되지? 퀘스트를 못하면 찝찝한 거랑 같아.

간혹 사료가 그대로 남아 있는 밥그릇을 보면 가슴이 덜컹 내려앉는단다. 밥터에 오던 애가 로드킬을 당한 게 아닌지 혹은 영역싸움 끝에 험한 곳으로 밀려간 건인지? 피곤함에 이런 걱정까지 더해지면 종일 우울해져. 이 같은 세상에선 살고 싶지 않다는 생각에 끙끙 앓기도 하고.

네가 그랬지? 내가 불행에 민감한 거 같다고 말이야. 남편도 내가 걱정을 사서 한다고 하더라. 혹시 내가 병이 든 건 아니겠지? 대체로 우울하고 절망적인 기분에 휩싸여 있는 데다가 평소에 늘 불길한 예감에 시달리고 있어.

왜 내게만 유독 세상에 널린 불행이 눈에 잘 들어오는 걸까? 결론은 내 주변에 좋은 사람들이 있어야 한다는 거야. 긍정적인 에너지를 받아야 하니까. 그래서 네가 너무 중요하단다. 손 하나 까딱하기 싫을 때도 너랑 통화를 하거나 문자라도 보내면 다시 힘이 나더라고. 네가 나한테 얼마나 중요한지 알겠지? 다시 연락할게!

나: 건강하게 잘 지내고 있구나! 너의 따뜻한 마음이 전해졌고 너의 하루가 눈앞에 보이는 것 같았어. 다만 네 말대로 우울한 분위기가 깔려 있어서 걱정이 되더라. 너도 내게 소중해.

마리: **해피 단무지!** ^^;;;

마리: **해피 단무지!** 오늘도 동네 밥터를 30분쯤 돌다 보니 하늘이 밝아지면서 주변 사물들이 빛을 내더라. 봄기운이 완연해졌어. 길 아이들이 생과 사가 왔다 갔다 하는 무서운 겨울을 이겨낸 걸 축하해주고 싶었어. 아침부터 햇빛이 찬란해서 마음이 편하고 기분이 좋아. 밥터 임무를 마치고 집에 가니 현관에 콜라, 사이다, 환타 세 녀석이 나란히 기다리고 있더라.

너도 알다시피 콜라는 내 첫 고양이야. 짙은 갈색 줄무늬가 예쁜 고등어 같은 애야. 나이를 먹을수록 어려지는 신기한 고양이기도 하지. 눈도 못 뜬 채로 쓰레기통에서 죽어가는 아이를 데려와 손가락으로 우유를 조금씩 흘려주며 살려낸 아이야. 반면 사이다는 페르시아 계열의 품종묘인데, 이 녀석은 누군가에게 버림을 받아 상처가 많은 아이야. 어두운 주차장에 웅크리고 있는 걸 데리고 온 지 벌써 3년이 되었어. 하지만 아직도 온전히 마음을 열지는 않아. 그래도 착한 아이야. 만지면 가만히 있다가 싫다는 걸 쩝쩝거리며 표현하는 정도거든.

문을 열자 콜라는 내게 다가왔지만 사이다는 바로 사라졌어. 환타는 좀 독특해. 사이다처럼 사라지지 않지만 저만치 떨어져 나를 바라만 보거든. 집에 온 첫날부터 콜라만 따라다니며 귀찮게 하더니(그러다 콜라에게 솜방망이 한 대 맞으면 바로 찌그러지지만…ㅎㅎ) 이젠 나를 물끄러미 쳐다보곤 해. 가끔 눈으로 열심히 텔레파시를 쏘는데 무슨 말을 하고 싶은지 대충은 알 것 같아.

'큰 고양이, 너는 누구야? 나한테 밥을 줘서 고마워.' 이런 말 아닐까? 여하튼 환타는 조심스럽게 나를 관찰한단다. 제법 통통해졌고 털에 윤기가 흘러. 고양이 털이 얼마나 부드러운지 넌 모를 거야. 사람들이 몰라서 다행이긴 해. 그렇지 않으면 밍크 대신 고양이를 사육해 털가죽을 벗겨갔을지도 몰라. 아, 생각만으로도 끔찍하다. 이딴 생각은 패스! 내가 왜 불길한 생각을 자꾸 하는지 모르겠다. 후유~

여하튼 저 아이가 몇 달 전만 해도 길거리에서 죽어가던 아이라니? 보고 있으면서도 믿을 수 없어. 환타 구조자님이 보내준 첫 동영상을 기억하니? 뻣뻣한 털이 엉겨 붙어 수세미 같은 노랑 치즈 고양이가 1~2분 간격으로 비명을 질러댔지. 기가 막힌 건 나의 첫마디가 "어쩌라고요. 왜 구조하셨어요." 였단다. 성묘 길고양이에다 아픈 아이를 누가 입양을 한다고. 예상대로 입양 문의는커녕 임시 보호도 어려웠어. 그렇다고 병원 케이지에 언제까지나 넣어둘 수도 없잖아.

결국 남편한테 싹싹 빌고 다시는 입양하지 않겠다는 각서를 쓰고 집에 들였단다. 말도 마. 사연 많은 고양이가 많겠지만 환타도 만만치 않아. 무엇보다 돈이 많이 들어간 아이야. 보물이 있는 곳에 마음도 있다고 하잖아. 돈이 들어간 만큼 쉽게 마음이 가더라고. 그런 아이가 밥도 잘 먹고 담요에 꾹꾹이를 하며 그르렁대다 배를 드러내놓고 잠드는 걸 보면, 카드 빚을 내서 수술해 주길 잘한 거 같아.

마리: 푹 절은 단무지! 며칠이나 답을 못 해 미안해. 꼼짝도 하기 싫어 톡을 확인하지 않았어. 그동안 내가 어떻게 지냈는지 안다면 연락 못 한 나를 이해할 거야. 그러니 내가 멋대로 군다고 하지 말아줘. 가끔 네 목소리가 차분해지면 엄마만큼이나 무섭더라. 이번에는 괜히 징징거리는 게 아니야. 정말로 몸살이 났거든.

열 개가 넘는 화분도 꼴 보기 싫고, 밥을 달라고 울고 부는 아이들도 온통 짐 덩어리들일 뿐이었어. 정말 모두 다 보기 싫고 힘들어서 이불을 뒤집어쓰고 잠만 잤어. 그렇게 끝없이 추락하는 마음을 붙든 건 달갑지 않은 시간 때문이었어. 내일이 바로 한 달에 한 번 시댁 가는 날이거든. 아뿔싸! 불현듯 그 생각에 미치자 일어나게 되더라. 남편과 한 약속이니 지켜야겠지.

거실로 나가니 쿰쿰한 냄새가 진동하더라. 입구에 놓인 고양이 화장실 두 개에는 세 마리가 먹고 싼 똥이랑 오줌 덩어리가 가득했어. 창문 아래 즐비한 화분에는 잎이 떨어진 가지들이 축 늘어져 있고. 시댁에 가는 건 너무 싫어. 가면 뻔하지. 왜 아이를 안 갖느냐, 고양이 좀 치워라.

그나마 다행인 건 시어머니가 울 집에 안 오신단 거야. 고양이가 징그럽다나. 신혼 초에 우연히 들렀다가 기겁을 하신 후에는 얼씬도 안 하신단다. 그건 친정 엄마도 마찬가지야. 뭐, 덕분에 두 어머니가 내 영역을 침범하지 않게 되어 천만다행이긴 해.

창문을 열고 청소를 시작하니 콜라, 사이다, 환타가 창문 곁에 달라붙어 있더라. 저 아이들은 나를 만나 행복할까? 내가 불행한데 아이들은 행복할 수 있을까? 나는 이 땅의 생명이 전부 행복했으면 좋겠어. 그 마음은 예전이나 지금이나 변치 않고 있는데, 그래서 힘이 닿는 대로 노력하고 있는데. 이제는 그만하고 싶어져. 힘에 부치고 서러워. 나 혼자 왜 이러는지 모르겠어. 누구라도 같이 노력해주면 좋겠는데 나 혼자 무거운 짐을 떠안고 가는 것 같아.

속이 상하는 걸 참고 대충 집안을 정리하고 청소를 끝마치니 기분이 나아지더라. 창을 열어놓은 채 'Nothing to fear'를 들었어. 가사를 되새기니 용기가 좀 생기더라. 두려움의 실상은 뭘까? 있는 것도 아니지만 엄연히 존재하는 것. 확실한 건 두려워할수록 나를 집어삼키는 힘이 된다는 거지. 나는 두려움을 물리치기 위해 두려움의 실체를 떠올렸어. 뭐가 두렵지? 결국 사는 게 두려운 거더라고. 돈이 없어서 굶을까 봐 두려운 거고, 살 곳이 없을까 봐 두려운 거고, 몸이 아플까 봐 두려워한다는 걸 알고 나니 너무 시시해서 어이가 없더라.

결국 의식주를 해결 못 할까 봐 두렵고 상처로 인해 생길 고통이 두려운 거잖아. 물론 그 모든 게 중요하지만 그렇다고 그게 전부는 아닌 것 같아. 뭔지는 정확히 모르겠어. 나의 무지함이 답답해서 눈에 좋다는 금잔화 차를 끓였어. 눈은 뇌

"나는 이 땅의 생명이 전부 행복했으면 좋겠어.
그 마음은 예전이나 지금이나 변치 않고 있는데,
그래서 힘이 닿는 대로 노력하고 있는데.
이제는 그만하고 싶어져."

가 밖으로 나온 기관이라고 하지. 또 영혼이 숨겨진 곳이라고 하잖아. 눈이 더 맑아졌으면 좋겠어. 그럼 영혼도 더 투명해질 테니까.

내친김에 그동안 하지 않던 요가 몇 동작을 했어. 고양이들이 자꾸 매트에 올라와서 맨바닥에서 나무 자세를 한 뒤 내가 좋아하는 춤의 왕 '나타라자' 자세를 취했어. 그런데 일 분을 버티지 못하고 흔들거렸어. 내 삶의 기반이 흔들리는 것 같아 다시 씁쓸해졌어. 그래, 삶이란 두려운 거야. 게다가 가난한 건 싫구나. 좀 더 넓은 집에서 고양이들과 햇볕을 쬐면 얼마나 좋을까? 이 집은 서향이라 아침에 반짝하고 늦은 오후에 길게 햇볕이 들어. 겨울엔 춥고 여름엔 더운 집이야. 아, 남편이 돌아왔나 봐. 나중에 봐.

마리의 패턴에 익숙해지고 있다. 어떤 날은 폭풍처럼 휘몰아치며 정신없이 단문의 문자를 보내는가 하면 소식이 뚝 끊기다가 가끔 이런 긴 장문의 문자를 보낸다. 일기를 쓰듯, 하소연하듯 보낸 긴 문자에서 그녀의 삶이 녹록지 않음을 짐작하게 되었다. 누구나 힘든 시간을 견뎌야 할 때가 있지만 마리의 고통은 스스로 불러온 고통이란 생각에 착잡했다. 그녀를 비난할 수도 칭찬할 수도 없으니까.

돌봄과 배려심

마리: **펑펑도는 무지!** 오늘 어마마마의 명령이야.

1. 집 인터넷 계약 갱신
2. 변기 물통 교체
3. 편한 운동화 부탁
4. 동대문 광장시장에서 호박죽 사 오기

나: 엥? 오늘 과제였어?

마리: 응. 아침부터 내린 어마마마 지시야. 나한테만 시키고 언니한테는 부탁을 안 해. 내가 만만한가 봐. 속은 상하지만 누군가는 해야 하잖아? 엄마 몸이 약해지신 건 사실이거든. 그래서 "언니는 바쁘니까 네가 좀 해줘."라고 하실 때 울컥해도 차마 거절할 순 없더라고.

나: 네가 만만하다기보다 심정적으로 더 가까워서 그러시겠지.

마리: 그렇게 말해주니 좀 낫네. 어쨌거나 드시고 싶은 음식이 있다는 게 다행 아니니. 오랜만에 광장시장에 가니 사고 싶은 게 많아선지 기운이 나더라.

나: 쇼핑할 때 신나긴 하지. 광장시장 빈대떡이랑 잡채 김밥이 생각나네

마리: 맞아! 어찌나 기름 냄새가 황홀한지 정신이 없었어. ㅋㅋ

나: 나도 갈 걸 그랬네. (이건 마음에 없는 소리다. 요즘 맞장구치는 법을 배웠다.)

마리: 그래서 네 것도 샀어! 빈대떡이랑 완자랑 과일이랑 야채도 어찌나 싸고 좋은지 안 사고 배길 수가 없더라. 어리굴젓을 택배로 부쳤으니 내일쯤 도착할 거야.

나: 뭐라고? 내가 잘못 들은 거지? 무슨 소리야.

마리: 네가 어리굴젓 좋아하잖아. 어제 보니 좋은 젓갈이 있어서 조금 샀으니까 맛나게 먹어줘. 늘 내 하소연을 들어준 감사 표시야. 엄마를 돌봐주시는 간병인 선생님께도 나눠드리려고 몇 통 샀어. 돈이 많음 얼마나 좋을까! 돈 걱정 없이 서로 좋은 걸 나누면서 사는 게 꿈이야. 현실은 그렇지 않으니 이렇게 작은 걸로 만족할밖에.

나: … ㅠㅠ

이건 아닌데, 너무 과하다는 생각이 들었다. 그러나 살림꾼 친구가 챙겨준 음식 택배 상자에 은근히 기대되는 것도 사실이었다. 불편함과 기쁨이 교차해서 어쩔 줄 몰라 하고 있는데 문자가 다시 도착했다.

마리: **펑펑도는 무지!** 택배로 부칠 건 부치고 들고 갈 호박죽을 산 후에 엄마 신발을 사러 갔어. 울 엄마 취향이 어떤지 알지? 운동화가 편하기만 해도 안 되잖아. 다행히 짙은 청색의 슬립온이 눈에 띄길래 이거면 되겠다 싶더라. 엄마 마음에 들지 않으면 내가 신을 맘도 있었어. 슬립온은 정장에도 일상복에도 잘 어울리는 디자인이잖아. 여튼 집에 갔는데 엄마가 호박죽과 신발 꾸러미를 아예 본체만체하는 거야. 나 참, 어이없어서.

나: 왜? 왜??

마리: 글쎄 "속이 쓰라린데 호박죽보다 전복죽을 사 오지 그랬니. 네가 시장에서 전화 한 통 했으면 좋았을걸. 언니랑 달리 네가 눈치가 없지. 그걸 알면서도 내가 자꾸 까먹네." 그러시잖아.

나: 엥… 너무 심하시네. 너 상처 받았겠다.

마리: 울컥하는 걸 겨우 참았어. 그런데 말이야. 나도 참 속이 없어. 내가 뭐라고 했는지 알아? "그럼 전복죽을 주문해 줄까?" 그랬어.

나: 못살아… 너도 참 대단하다. 엄마가 그러라고 하셨니?

마리: 그럴 리가. 바로 샐쭉해지시면서 "관둬라. 돈은 어디 땅

파서 나온다니?" 그러시더라.

나: 참 나! 어머니가 아이가 되신 거 같네… 네가 엄마 같고. 왜 그렇게 됐어?

마리: 몰라! 갈수록 짜증이 느는 것 같아. 그런데 그다음이 더 황당했어. 엄마가 갑자기 나를 아래위로 좌익 훑어보더라. 너도 우리 엄마 알잖아. 대충 걸치고 다님 무시하는 거 있잖아. 급하게 나오느라 트레이닝복에 패딩 점퍼를 대충 걸치고 나왔거든. 나를 바보 만들기 시작하시는데 "왜 그러고 사니? 옷 하며 머리를 산발한 거 하며, 네 그렇게 형편이 어렵니?" 하시는 거야. 내 머리카락이 곱슬머리라 정리 안 되는 걸 알면서도 산발이라고 비꼬고, 옷차림을 지적하지 않고 형편이 어렵냐고 하잖아. 역시 울 엄마야! 그렇게 걱정하는 척하려면 아빠 몰래 카드나 넌지시 건네주시든지….

나: ㅋㅋ 너희 엄마 최고다. 그래서?

마리: 나 있잖아. 엄마 옷으로 바꿔 입고 집에 왔어.

나: 뭐라고?

마리: 무지개색이 들어 있는 가디건에다 금색 단추가 달린 검정 블라우스인데 "내가 아끼는 옷이지만 네 꼴을 보니 도저히 안 되겠다."라고 비장하게 말씀하시면서 딸이니까 준다

고 하지 뭐냐.

나: 하하하하하. 미안한데 너무 웃긴다.

마리: 문제는 엄마가 나한테 옷을 처분했기 때문에 또 옷을 사드려야 해. 엄마가 기억할지 모르지만, 오늘 내게 입혀 보낸 옷은 지난달에 잘못 샀다고 하소연했던 바로 그 옷이야. 그 사실을 내가 똑똑히 기억하고 있다는 걸 엄마는 모르는 것 같아. 참, 청색 슬립온도 내 차지가 됐어. 엄마 왈, "내가 원하는 건 그런 디자인이 아니야. 그건 네가 신어라."

나: 그럼 돈은 엄마가 주시니?

마리: 아니. 내가 사드려야지. 내일 다시 어마마마 신발을 사러 가야 해.

나: 아니 왜? 엄마한테 돈을 달라고 해!

마리: 그런 말을 어떻게 해. 맨날 아프다고 하시고 돈 없다고 하시는데.

나: 너도 힘들잖아.

마리: 아휴, 몰라. 오늘은 이렇게 끝나 다행이야. 집에 들어오니 퉁퉁 부어 있던 남편이 밥을 달라고 하더라고. 콜라 사이다 환타도 밥 내놓으라고 야옹거리고. 내가 밥인가 봐. 여하튼 숨을 고를 틈도 없이 급한 대로 밥을 차렸어. 고양이들 밥그릇

도 가득 채워주고 특별히 연어 통조림 하나 따서 골고루 나눠 줬지. 남편과 고양이 셋이 허겁지겁 밥 먹는 걸 보니 하루 피로가 사라지는 것 같았어. 그들이 먹는 것만 봐도 흐뭇하더라

어이가 없었다. 속상해하는 건지 기뻐하는 건지 속내를 알 수가 없었다. "내가 밥인가 봐!"라는 말에는 자랑스러움까지 느껴졌다. 더 지적하다가는 사이가 나빠질까 봐 입을 닫을 수밖에 없었다.

혼돈

마리: **쉰무지!** 하늘에 구름 한 점 없는데 기침과 콧물이 심하면 날씨 예보를 확인할 필요가 없어. 미세먼지가 최악이라는 거니까. 아침부터 훌쩍거리다가 보니 문득 환절기에는 몸보신을 해야 하지 않을까 하는 생각이 스치는 거야. 그래서 밥을 먹고 있는 남편에게 말했지.
"양쪽 어머님에게 홍삼이라도 해드려야 하는 거 아닐까? 환절기에 나도 힘든데 어머니들은 더 힘드실걸…"
남편은 말없이 끄덕이더라고. 알아서 하라는 뜻이야. 그래

서 무심코 다음 말을 이었어.

"딸기도 끝물이니까 노지딸기가 들어가기 전에 넉넉히 사서 잼을 만들어야 하는데 늦었네. 작년에 내가 만든 잼을 먹은 친구들이 올해는 안 만드냐고 하더라고. 파는 거랑 비교할 수 없지. 나야 유기농 설탕에다…."

남편은 소리 나게 젓가락을 탁자에 놓았어. 그는 티가 나게 화를 내지는 않지만, 기분이 나쁘면 말이 없어지고 행동이 거칠어져. 내가 무엇을 잘못한 건지 몰라서 당황했어. 게다가 냉랭한 분위기 속에 있자니 가슴이 답답하더라고. 그래선지 눈물이 저절로 나오더라. 그렇지 않아도 이번 달 카드값을 어떻게 막아야 할지 걱정이 태산인데 그이까지 나를 구박하는 것 같아서 속이 상했거든. 남편은 혀를 끌끌 차더니 윗옷을 대충 걸치고 나가버려서 나만 동그마니 혼자 남았어. 일단 긴장감을 주는 사람이 눈앞에서 사라지니 편했어. 나는 해결하기 어려운 일이 닥치면 멍청해지는 것 같아. 아무 생각도 떠오르지 않았어. 그저 언젠가 네가 "이제부터는 너 자신을 위해 살아야 하지 않을까?"라고 했던 말만이 맴돌았어.

그때 난 네게 무척 고마워했고 그 말이 무슨 말인지 알 것 같았어. 아니, 분명히 안다고 생각했어. 그런데 많은 시간이 지난 지금 곰곰이 생각해보니 난 머리로만 이해했던 거였어. 그러니까 무슨 의미인지 알곤 있지만 실제로 나 자신을 위해 산다는 게 무엇인지 정확히 모르겠어. 혹시 욕심을 부리며 이기적으로 살라는 건 아니겠지? 아니면 세상이 나를 중심으로 돌고 있다는 착각에 빠져 자기중심적으로 지내란 것도 아닐 테고. 욕망대로 하고 싶은 대로 다 하라는 뜻인가?

평소 흔하게 듣던 "너를 위해 살아라."라는 말에도 여러 결이 있고 여러 층위가 있는 것 같거든. 그런데 말이야. 콜라를 쓰다듬으며 이런저런 생각을 하다 보니 엉뚱하게 돈 걱정이나 안 했으면 좋겠다는 소원을 빌고 있더라고. 돈 걱정이 사라지면 나도 나를 위해 잘살 거 같아. 그래서 콜라를 안고 복권에 당첨되는 공상을 한참 했어. 공상이라도 기쁘더라. 큰돈이 생기더라도 집을 넓혀 이사하는 거 외엔 딱히 떠오르는 게 없는 걸 보면 확실히 가난한 사람의 꿈은 후진 거 같지만.

이런저런 공상을 하며 뒹굴뒹굴하다 보니 불혹의 나이가 지났지만 정신 수준이 형편없이 낮다는 자책을 안 할 수 없어. 내가 불행한 이유는 돈이니까 어쩔 수 없지 뭐. 매달 카드 결제일이 다가오면 식은땀이 나. 환타 수술비뿐 아니야. 남편에게 비밀로 한 게 한두 건이 아니거든. 처음엔 큰돈이 아니었어. 내가 아르바이트를 하면 충분히 갚을 돈이었는데 이전 회사 일이 줄어드는 바람에 쪼들리게 된 거야. 게다가 빚과 이자가 점점 커지더니 이제는 감당하기 어려울 정도가 되었어. 남편은 좋은 사람이지만 내가 빚이 많은 걸 알면 펄쩍 뛰며 놀랄 거야. 실망해서 헤어지자고 하면 어쩌지.

엄마한테 도와달라고 할까? 내가 엄마 통장 관리를 하고 있잖아. 그래서 엄마 여윳돈이 얼마나 있는지 잘 알고 있거든. 하지만 그 돈은 엄마의 노후 자금이니까 함부로 빌려달라고 해선 안 되겠지. 만약 언니가 알게 된다면 나를 인간 취급도 하지 않을 거야. 그래, 그건 생각도 하지 말아야지. 이래저래 다시 우울해져서 불도 켜지 않고 누워 있는데 남편이 맥주를 사들고 들어오더라.

"당신도 이제는 당신 자신을 위해서 살았음 좋겠어. 우리 살림도 팍팍한데 너무 여기저기 퍼주는 거 아닌가? 처형을 봐. 자기밖에 모른다고 욕을 먹지만 잘살잖아. 나도 힘들어. 그리고 세상에는 가여운 아이들도 많아. 사람도 전부 구제 못 하는데 길고양이를 전부 다 구제할 수 없잖아."

나를 위로하며 한 말이야. 남편은 내가 길고양이들 때문에 속상한 줄 아나 봐. 그래도 그이의 따뜻한 말이 고맙더라. 이 사람에게 미안해서라도 정신 차려야겠어. 힘내야지!

마리: 짠무지! 학습지 교사라도 해보겠다고 결심한 지 벌써 보름이 지났어. '매일 아침마다 오늘은 반드시!'라고 결심을 하지만 이런저런 일을 하다 보면 하루가 금방 지나버려. 그렇게 하루하루 미루다 보니 이제는 컴퓨터를 바라보는 것만으로도 심장이 마구 두근거려. 물론 몇 번이고 나 자신을 달래곤 한단다. 그냥 사이트에 들어가서 구직란에 이력서 내고 기다리면 되는 거라고 위로하면서 말이야. 하지만 이제는 그 생각을 하는 것만으로도 무서워서 견딜 수가 없어. 게다가 매일 새로운 일이 생겨서 엄마집이랑 시댁을 왔다 갔다 하기도 바쁘거든. 오늘도 엄마 명령으로 단골 떡집에 떡을 주문하고 병원 모시고 가서 약 처방 받아서 집에 모셔다 드리고 오니 늦은 오후가 되었어.

아무래도 나처럼 엄마 시중도 들어야 하고 시댁 일도 봐줘야 하는 사람은 일을 할 수 없을 거 같아. 또 환타가 다시 아파서 걱정이야. 맑은 콧물을 흘리더니 오늘 보니 재채기를 할 때마다 누런 콧물이 나와. 병원에 데려가서 검사를 받음 또 몇십 만 원이 나올 텐데 어떻게 해야 할지 모르겠어. 저녁이 되니 다시 불안이 몰려오더라. 안절부절못하다 보니 정신과 상담이라도 해야 하지 않을까 싶었어.

언니한테 전화했더니 불안하면 밖으로 나가 걷기라도 하라고 하더라고. 내가 뭘 바라고 연락했을까. 언니야말로 자기중심적인 인간이야. 엄마가 기분 좋을 때 가끔 하는 얘기가 있어. 언니랑 내가 반반씩 섞였다면 좋았을 거라나. 괜스레 나 자신이 불쌍하기도 해서 엄마한테 위로받고 싶어 전화했다가 야단만 맞았어.

"정신력이 그렇게 약해서야 되겠니? 엄마가 너희들을 키울 때 고비가 없었겠니? 너희 학비에 학원비에 언제나 궁했지만, 허리띠 졸라매고 이겨냈어. 너도 이겨내야지."

이런, 엄마하곤 말이 안 통해. 사실은 엄마한테 사정 이야기를 하고 돈을 좀 빌리려고 했는데 저런 말을 하니 말을 꺼낼 수도 없더라. 허탈한 마음에 무심코 달력을 보니 내일은 돌봄 봉사날이더라. 정신이 번쩍 들어서 같이 갈 분들께 단체 문자를 날렸어!

'내일 각자 지참할 물품들을 한 번 더 확인 부탁드립니다. 아침 8시에 만나서 중요한 의제에 대해 논의할 예정이고요, 반갑게 내일 봬요.'

회원들은 감사하다는 이모티콘을 날려 보내줬어. 이럴 땐 내가 봐도 철두철미하게 일을 잘하는 거 같은데 말이야. 예전 회사 다닐 때도 꼼꼼하게 일 잘하는 사원이긴 했지만. 다시 예전 같은 걱정 없는 생활을 하고 싶어. 어디서부터 잘못되었을까. 나를 좀 도와줘. 뼈아픈 충고를 부탁해!

위기

마리: **단단무지!** 빨간 글씨로 도배가 된 금융 통보서가 날아왔어. 섬칫했어. 연체가 3개월이 넘었단 거니까. 놀란 가슴에 큰마음 먹고 캐피탈 회사에 전화를 했어. 캐피탈 금융회사를 상대하고 나니 인생 막장이 생각나더라고. 사람들이 어떻게 정신적으로 파괴되는지를 실감하게 되는 것 같고. 아무래도 우리 시대에서 가장 중요한 건 경제적인 능력이겠지?
　어쩔 수 없이 시댁 전화번호까지 연대책임으로 적어 놓고 급한 불을 껐어. 한편으론 안도했지만 계속 마음이 불안하고 불편해서 견딜 수가 없더라. 앞으로 어떻게든 아르바이트라도 해서 갚아나가야 한다는 생각에 마음이 무거웠어. 네가 남편

한테 솔직하게 털어놓고 도움을 구하라고 했지만 그건 안 될 말이야. 남편도 회사에서 힘든 거 같아. 요즘 분위기가 안 좋대. 그리고 내가 벌인 일에 대한 책임은 내가 져야지. 남편이 나 때문에 고생을 할 수는 없잖아.

물론 억울한 기분도 들어. 내가 잘못한 게 있다면 가여운 생명을 위해 빚을 낸 거야. 지나친 오지랖이라고 비웃어도 할 말이 없어. 나는 바싹 말라붙은 고양이가 쓰레기통을 뒤지는 걸 보고 모르는 척 지나칠 수 없는 사람이야. 아마도 모든 사람에게, 심지어 화분에서 말라붙어 시들어가는 식물에도 해당할 테니 나를 너무 비난하지 말아줘. 거듭 강조하지만 나는 내가 할 일을 열심히 하고 있다고 생각하거든. 거창한 사회개혁이 아니어도 이렇게 작은 일부터 하나씩 해나갈 때 좋은 세상이 된다고 봐.

하지만 지치긴 했어. 내가 할 수 있는 일은 너무 작고 나는 너무 힘이 약하니까. 가끔 주위의 온갖 쓰레기들이 내게 달라붙는 기분이 들어. 나는 불행을 담는 그릇인 걸까. 허리가 아프고 다리가 저려서 고생하고 있는데 엄마가 찜질용품을 사달라고 해서서 한나절을 찜질용품 검색하느라 보냈단다. 퇴근해서 돌아온 남편이 집안이 엉망이라고 화를 내더라. 다리를 끌며 남편 시중을 들고 나서 혼자 울었어. 잘 자. 다시 연락할게.

마리에게서 며칠 간격으로 SOS 같은 소식이 전해졌다. 이제는 그녀에게 문자가 오면 가슴이 덜컥 내려앉는다. 스스로 진단하고 결론을 내릴 뿐 아니라 자신의 문제는 당위성으로 무장하고 있는데 내가 무슨 말을 해줄 수 있겠는가.

고통, 인정

마리: 초월무지! 드디어 온 가족이 내가 처한 어려운 상황에 대해 알게 되었어. 남편이 가장 놀랐지만, 화를 내기보다 자기비하와 한탄에 빠져 있더라고. 그래도 시부모님께는 이 모든 사실을 비밀로 하자고 하셔서 미안한 마음뿐이었어. 배신감이 든 건 오히려 우리 가족이야. 특히 엄마는 나를 비난하고 야단치느라 정신이 없어. 평소 내가 씀씀이가 헤프고 퍼주길 좋아해서 이렇게 파산에 이르렀다고 동네방네 소문을 낼 뿐 아니라 본인이 앓아눕기까지 했단다.
언니는 엄마가 나를 엄하게 키웠어야 했는데 잘못 키웠다고

엄마랑 나를 싸잡아 비난 중이야. 정말 억울해. 내가 나를 위해서는 아무것도 하지 않은 걸 누구보다 잘 아는 엄마가 어떻게 저럴 수 있을까? 파산을 하는 것보다 가족에 대한 신뢰를 잃은 게 더 가슴이 아파. 한편으론 일이 터져버린 게 더 낫더라. 사람은 큰일 앞에선 담담해지나 봐. 죽기밖에 더 하겠니! 아니, 사람이 빚을 좀 졌다고 죽는다면 그건 너무 웃기지 않아? 다만 엄마가 노발대발하셔서 속상할 뿐이야.

나: 기대보다 잘 견디고 있구나. 네가 약한 것 같아도 강한 면이 있음을 알고 있었지만 내 생각보다 더 강한 거 같아. 그래, 문제를 터뜨리고 해결방안을 논의하는 게 좋지. 네 말대로 이기적인 일로 돈을 허투루 써서 생긴 문제가 아니잖아. 그동안 네가 보낸 글들을 찬찬히 다시 읽다 보니 아랫글이 눈에 들어왔어. 그리고 오랫동안 마음에 남더라.

"나는 이상하게도 폐지를 싣고 힘겨운 걸음을 떼는 할머니나 질질 끌려가는 강아지, 턱에 고드름을 달고 차가운 바람을 맞고 있는 고양이가 자꾸 눈에 들어와. 그런 장면을 보면 도저히 그냥 지나칠 수 없어. 왜 그들이 내 눈에 띄는 건지 한탄하면서 아무도 관심 없는 일들에 집중했어. 그런데 말이야,

개나 고양이에게 관심을 쏟으면서 어떻게 엄마를 불쌍하게 여기지 않겠니? 어릴 때는 엄마를 무서워했지만, 엄마가 쇠약해지고 작아지기 시작하자 내가 보살피는 게 당연해졌어. 워낙 어마마마라서 모시기 힘들지만 말이야."

 이 글을 읽고 나는 네가 좋은 사람이란 걸 인정하지 않을 수 없었어. 나는 자주 엄마를 잊고 지내는 편이야. 가끔 엄마가 필요할 때만 엄마를 찾아. 불효자식이지. 물론 엄마는 그런 나를 야단치지 않으신단다. 그렇지만 속으로는 섭섭해하실 거야. 그래서 내리사랑인가 봐. 너는 나와 다르게 엄마를 늘 걱정하고 돌봐드리는 게 놀라워. 게다가 소외되고 잊히기 쉬운 존재들을 끌어안고 가는 면도 있고. 세상에는 너 같은 사람이 꼭 있어야 할 것 같아. 다만 너 자신도 가끔 생각해주길 바라. 너의 욕구와 바람과 소망 같은 거. 세상이 네 도움을 필요로 하지 않아도 행복했으면 좋겠어.

 마리: 단무지! 4월은 차고 건조한 바람으로 기억되지 않니? 난 그래. 개나리와 목련이 흐드러지게 피어 있어도 모래 섞인 까슬거리는 바람이 불어오면 깜짝 놀라 움츠리게 돼. 새벽에

"어릴 때는 엄마를 무서워했지만,
엄마가 쇠약해지고 작아지기 시작하자
내가 보살피는 게 당연해졌어.
워낙 어마마마라서 모시기 힘들지만 말이야."

는 서늘했지만 해가 나자 뿌옇게 시야를 가리는 바람이 불어오더라. 창문을 꼭꼭 닫고 콧물 흘리는 환타를 위해서 전기 스토브를 켰어. 방 공기가 훈훈해지자 콜라가 먼저 기지개를 켜며 나왔고 의자 아래 숨어 있던 사이다도 빼꼼히 얼굴을 내밀었어.

고양이가 독립적이라고 하는 말은 틀려. 고양이는 혼자 사냥할 뿐 혼자 지내는 걸 좋아하지 않아. 오히려 어울려 지내는 걸 좋아해. 서로 의지하고 사랑을 표현하는 게 중요한 아이들이야. 애들은 내가 없으면 잠만 자. 내가 집에 들어오면 그때 일어나서 주위를 맴돌며 떠나지 않아. 때로는 의지하고 때로는 독립적으로 지낼 줄 아는 고양이들에게 삶의 태도를 배워야 할까 봐.

요즘엔 네가 조언한 대로 엄마랑 시어머님 두 분에게 거절이란 걸 해보고 있어. 그분들의 부탁이나 요청을 부드럽게 거절하는 것 말이야. 물론 내 성격에 쉽지 않지만 일단 실행해 보는 걸로도 의미가 있더라. 사랑을 반만 표현하기라고 해야 할까? 아니면 내 맘속에서 불처럼 일어나는 감정을 자제하는 중이라고 해야 할까? 하여튼 조금 숨을 고른 후 다시 답을 드리고 있어.

이 경험으로 알게 된 것 중 가장 큰 건, 숨 고르는 동안 여러 가지를 따져보고(내가 할 수 있는 일인가 또는 당연히 해야 하니까 하려고 하는 것인지, 아니면 내가 하고 싶어서인지 등등) 연락을 드리면 누군가 도와줘서 이미 처리했다거나 생각해 보니 마음이 달라졌다고 하시는 거야. 허탈하고 당혹스러웠는데 한편으로는 그동안 스위치만 누르면 곧바로 답을 하는 도우미 인형처럼 굴었구나 싶더라고.

오늘은 네가 했던 말 중에 듣기 거북했던 질문에 대해 돌아보려고 해. 너는 내게 뚜렷하게 구분되는 두 얼굴이 있다고 했지. 한 면은 너그럽고 담대하고 기꺼이 희생하는 강력한 어머니 같은 부분이고, 다른 한 면은 순둥이 같지만 유치하고 칭얼대고 화내는 어린이 같은 부분이라고. 둘 중 어떤 얼굴이 진짜 내 얼굴이냐고 물었지? 나는 당황해서 둘 다 나라고 더듬거리며 답을 했어.

뒤돌아서서 내가 나를 돌아보니 강력한 힘을 발휘할 때가 있긴 하더라. 예를 들면 캄캄한 새벽에 무거운 보따리를 어깨에 메고 길고양이 밥터를 돌 때와 가여운 사람들 특히 봉변을 당한 사람들을 위해 싸울 때가 그렇더라고. 수줍음이 많던 평소 모습과 다르게 투사 같은 면모가 나오는 것 같아. 그럴 땐 남편도 내가 무섭다고 하더라고. 목소리 톤이 달라지고 표정도 바뀐대. 하지만 혼자 있을 때는 대체로 무기력하고 소심한 면모를 보이지. 아니면 억울함을 한탄하거나 비관적인 생각만 하는 거 같아.

언젠가 "네가 하고 싶은 게 뭐야?"라고 물었을 때도 선뜻 답을 못 했어. 뭐가 먹고 싶냐고 했을 때도 말을 못 했고. 나는 내가 무엇을 좋아하는지 뭘 하고 싶은 게 뭔지 정말 모르겠어. 그냥 사람들이 좋아하는 건 나도 좋아. 그리고 착하고 지혜롭고 남에게 피해를 주지 않고 살고 싶어. 이렇게 말함 네가 또 날카로운 지적을 하겠지. 착하다는 게 뭐야? 지혜로움은 뭐야? 왜 그렇게 살고 싶은 건데? 혼자라면 착할 필요가 있을까? 혼자라면 남에게 피해 끼칠 수도 없을 텐데, 결국 언제나 주변 사람들을 의식하는 내용 아니냐고 하면서 지적하겠지.

맞아. 그러고 보니 언제나 옳은 말을 하는 네가 밉기도 해. 넌 말문 막히게 하는 데 선수야. 그런데 어쩌겠니. 나는 늘 주변을 돌아보고 주변을 살피는 사람이야. 혼자서는 의미 없다고 생각하나 봐. 그래도 오늘은 나에 대해 생각해봐야겠더라고. 내가 있어야 다른 사람도 있으니까.

현실의 장

마리: **현실무지!** 놀라지 마! 어제부터 동네 미술 학원의 시간 강사로 일하게 됐어. 원장님은 29살의 의욕 충만한 분이야. 대학원 마치고 이곳저곳에서 강사로 일하고 있어서 빈 시간을 맡게 됐어. 오래 잊고 지냈는데 내가 미술을 전공했더라고. 그리고 기특하게도 차라리 전공했던 일을 하고 싶다고 생각을 했어. 인터넷 구직사이트를 기웃거리다 보니 우리 동네에도 자리가 있더라. 원장은 내 나이가 많아서 꺼렸지만 어쩌다가 고양이 이야기가 나와서 서로 맘이 통하게 됐지 뭐니. 원장도 고양이를 좋아해서 금세 친해졌어.

오랜만에 미술 도구를 만지니 마음이 무척 설레더라. 나는 유치반을 맡기로 했어. 시급이라 그 많은 빚을 갚기에는 터무니없이 적은 돈이지만 다시 일을 시작했다는 게 좋아. 또 아이들을 돌보게 돼서 기뻐. 나의 주요한 특성을 인정하기로 했어. 돌보는 특성 말이야. 그래도 막무가내로 주변을 돌보는 게 아니라 나 자신도 조금씩 돌보기로 했으니까 너무 잔소리하지 말아줘.

엄마도 이해해 주시더라고. 아픈 다리 때문에 불편하지만

"네가 좋아하는 일을 시작했으니 너무 걱정하지 말라."라고 하셨어. 그리고 내가 갚아야 할 빚은 엄마 돈으로 메꿀 수 있었어. 급하니까 엄마한테 도움을 청할 수밖에 없었지 뭐니. 염치없었어. 다시는 그런 실수를 하지 않겠다고 다짐했단다. 한동안 고장이 난 라디오 소리 같은 엄마의 잔소리를 들어야겠지.

너의 바른말에 마음이 상했지만 한편으론 나 자신을 돌아보는 효과가 있었어. 네가 나더러 엄마의 엄마 노릇을 했다지만 그건 틀린 말이야. 나는 엄마를 돌봐드리고 칭찬을 받고 싶은 아이였던 거 같아. 그러니까 엄마 심부름을 하면서도 맨날 투덜대고 불평했던 거지. 원하는 만큼 인정을 못 받으면 짜증 났던 거 같아.

그동안 누가 시키지도 않은 일을 하고서 나만 이런 일을 한다고 화를 내고 서러워했던 거 기억하지? 부탁인데 부디 잊어주길 바라! 앞으로는 마땅히 해야 하는 일도, 누구를 돌보는 일도 나를 위해서 할게. 그러니까 내가 좋으니까 기뻐서 하겠다고! 인정 받길 바라지 않고 말이야. 됐지? 엄마를 돌봐드리는 일도 내가 기쁘니까 할 거야. 힘들면 힘들다고 말할 건데…. 그래서 문제가 생기면… 기꺼이 받아들이도록 노력해볼게! 설령 엄마랑 갈등이 생겨도 자연스럽게 여길 테야. 그게

자연스러운 모녀 관계라고 머리로는 생각하게 되었으니까. 그럼 다음엔 얼굴을 보고 이야기하자. 안녕

엄마와 아름답게 이별하기

초판 1쇄 발행 2022년 6월 1일

지은이 김영신
펴낸이 권무혁
펴낸곳 어나더북스 an other books
기획·편집 김미성, 최영준
디자인 피스오브페이퍼
인쇄 및 제본 비전프린팅
출판등록 2019년 11월 5일 제 2019-000299호
주소 (04029) 서울 마포구 월드컵로8길 49-5 204호(서교동)
대표번호 02-335-2260
이메일 km6512@hanmail.net

ⓒ 김영신, 2022
ISBN 979-11-968617-8-0 03100

* 책값은 뒤표지에 있습니다.
* 이 책 내용의 일부 혹은 전부를 재사용하려면 반드시 어나더북스의 동의를 구해야 합니다.
* 잘못 만들어진 책은 구입하신 서점에서 교환할 수 있습니다.